100 RECETTES DE
DE FÊTES

webedia/books.

SOM MAIRE

Sauces et crèmes

Béchamel

60 g de beurre
1 pincée de sel
60 g de farine T55
400 g de lait demi-écrémé
1 pincée de noix de muscade
1 pincée de piment de Cayenne

Faites fondre le beurre dans une casserole sur feu moyen, puis ajoutez le sel et la farine. Mélangez bien au fouet pendant 2 min, toujours sur feu moyen. Ajoutez le lait petit à petit sans cesser de mélanger jusqu'à l'obtention d'une belle consistance de béchamel. Ajoutez la muscade et le piment, puis retirez du feu.

Crème pâtissière

25 cl de lait
1 gousse de vanille
1 pincée de sel
3 jaunes d'œufs
15 g de sucre semoule
25 g de fécule de maïs

Faites chauffer le lait dans une casserole avec la gousse de vanille fendue et grattée et le sel. Fouettez les jaunes d'œufs avec le sucre semoule et la fécule de maïs. Versez progressivement le lait bouillant dessus tout en fouettant, puis remettez le tout dans la casserole. Portez à ébullition sans cesser de fouetter. Débarrassez la crème sur un plat et filmez-la au contact. Laissez-la refroidir 1 h au réfrigérateur.

Pâtes maison

Pâte à brioche

4 œufs
2 c. à s. d'eau de fleur d'oranger
15 g de levure de boulanger fraîche
330 g de farine de gruau
60 g de sucre semoule
7 g de sel fin
170 g de beurre mou

Dans le bol d'un robot pâtissier muni du crochet, mettez les œufs et l'eau de fleur d'oranger. Ajoutez la levure émiettée, la farine, le sucre et le sel. Pétrissez la pâte à petite vitesse pendant 2 min. Pétrissez à nouveau, à vitesse moyenne cette fois, pendant 3 min. Pétrissez enfin à forte vitesse pendant 3 min. Lorsque la pâte se décolle des parois en formant une boule, revenez à petite vitesse et ajoutez le beurre mou en morceaux. Pétrissez ainsi pendant 2 min, puis augmentez la vitesse et pétrissez pendant 3 min, jusqu'à ce que la pâte se décolle du bol. Débarrassez la pâte, formez-en une boule, mettez-la dans un cul-de-poule et filmez-la au contact. Laissez pointer à température ambiante pendant 1 h. Dégazez la pâte, puis boulez-la à nouveau et filmez-la au contact. Placez au réfrigérateur pendant 2 h.

Pâte à choux

8 cl de lait
8 cl d'eau
70 g de beurre
10 g de sucre semoule
2 g de sel
100 g de farine
2 œufs

Dans une casserole à feu vif, mélangez le lait, l'eau, le beurre coupé en dés, le sucre et le sel, jusqu'à ce que le beurre soit fondu. Portez à ébullition pendant quelques secondes. Retirez du feu et ajoutez la farine en une fois. Mélangez doucement d'abord, puis vivement. On ne doit plus distinguer de farine sèche. Remettez sur le feu vif afin de dessécher la pâte : mélangez-la vivement jusqu'à ce qu'elle ne colle plus aux bords de la casserole, ce qui prend environ 1 min. Laissez refroidir.
Battez les œufs en omelette et ajoutez-en les deux tiers à la pâte, en mélangeant. Pour savoir si la pâte est prête, attrapez-en un morceau avec la spatule, elle doit s'accrocher puis tomber en formant une pointe. Ajoutez un peu d'œuf si besoin.

Pâte feuilletée légère

150 g d'eau
250 g de farine
4 g de sel
100 g de beurre sec froid
50 g de sucre glace

Commencez par réaliser une détrempe en mélangeant l'eau, la farine et le sel, sans trop travailler la pâte. Formez-en un pâton carré, filmez-le et entreposez-le 1 h au réfrigérateur.
Faites ramollir le beurre froid en tapant dessus avec un rouleau à pâtisserie, puis abaissez-le en carré entre 2 feuilles de papier cuisson. Placez-le au centre de la détrempe et rabattez les 4 côtés en portefeuille sur le beurre pour l'y enfermer. Procédez alors au tourage : abaissez le carré formé en un rectangle trois fois plus long que large. Repliez ce rectangle en trois, en rabattant les 2 côtés de manière à obtenir à nouveau un carré et tournez-le pour avoir la pliure vers vous. Abaissez une fois encore le carré pour obtenir un rectangle trois fois plus long que large, puis repliez-le en trois. Mettez le carré obtenu au réfrigérateur et laissez reposer 15 min. Recommencez la même opération deux fois, en respectant le même temps de repos après chaque manipulation. Vous aurez ainsi réalisé 3 x 2 tours simples.
En fin de tourage et après la dernière phase de repos, abaissez la pâte à 2 ou 3 mm d'épaisseur et saupoudrez entièrement de sucre glace.

Pâte fraîche

400 g de farine (00 ou T45)
4 œufs
Huile d'olive extra vierge
Sel fin

Dans un saladier ou sur un plan de travail propre, créez un puits avec la farine. Cassez les œufs au centre, puis ajoutez l'huile d'olive et le sel. Mélangez à l'aide d'une fourchette, puis travaillez la pâte à la main, en ramenant la farine vers le centre. Elle doit être bien élastique. Formez une boule et farinez-la. Filmez-la au contact et couvrez avec un torchon, puis laissez-la reposer 15 à 20 min au réfrigérateur.

Pâte sablée

250 g de farine T45
40 g de sucre semoule
3 pincées de sel
125 g de beurre
1 œuf

Dans le bol d'un robot pâtissier équipé de la feuille, mélangez la farine, le sucre et le sel. Ajoutez le beurre coupé en dés et mélangez jusqu'à obtenir un sable grossier. Ajoutez l'œuf et mélangez jusqu'à ce qu'une boule se forme. Emballez la pâte dans du film alimentaire, puis laissez-la reposer au réfrigérateur 30 min.

Fumets et bouillons

Bouillon de légumes

2 l d'eau
500 g de légumes au choix
(carottes, poireaux, céleri branche, ail, oignon, etc.)
1 bouquet garni
Huile d'olive
Sel
Poivre

Faites tiédir l'eau dans une casserole. Dans une grande cocotte, versez l'huile d'olive et faites revenir tous vos légumes préalablement épluchés et coupés en morceaux pendant 5 à 8 min. Ajoutez du sel, du poivre et le bouquet garni, puis couvrez avec l'eau tiède et laissez cuire à petite ébullition pendant 1 à 2 h. Si besoin, ajoutez un peu d'eau en cours de cuisson.
Filtrez le bouillon pour récupérer le jus, et gardez les légumes pour une purée ou un pot-au-feu. Une fois refroidi, le bouillon se conserve au réfrigérateur, dans des bocaux stérilisés, pendant 7 à 10 jours maximum. Pour le conserver plus longtemps, placez-le dans des moules à glaçons au congélateur.

Bouillon de volaille

1 kg d'ailerons de volaille
1 oignon blanc coupé en deux
1 carotte
1 branche de céleri
1 filet d'huile d'olive
50 g de vinaigre blanc
2 l d'eau
1 bâtonnet de citronnelle

15 g de gingembre frais
1 bouquet garni (laurier, thym, romarin, queue de persil)
10 g de gros sel

Brûlez les demi-oignons dans une poêle à sec. Lavez tous les légumes et coupez-les en gros dés. Faites-les revenir avec l'huile d'olive dans une cocotte, sans coloration. Ajoutez les oignons brûlés et les ailerons de volaille, puis déglacez avec le vinaigre blanc. Versez l'eau, puis ajoutez la citronnelle, le gingembre, le bouquet garni et le gros sel. Laissez cuire pendant 2 h à feu doux, puis filtrez juste avant utilisation.

Fumet de poisson

1 kg de parures de poisson (tête, arêtes, nageoires, etc)
1 oignon blanc coupé en deux
1 branche de céleri
1 bâtonnet de citronnelle
15 g de gingembre frais
1 filet d'huile d'olive
200 g de vin blanc
150 g de vinaigre blanc
2 l d'eau
10 g de gros sel
1 bouquet garni
50 g d'huile d'olive
Poivre

Brûlez les demi-oignons dans une poêle à sec. Préchauffez le four à 180 °C en chaleur tournante. Lavez les parures de poisson sous l'eau claire pour enlever le sang, puis mettez-les dans un plat. Enfournez pour 20 à 30 min afin de les faire bien colorer.
Lavez et pelez tous les légumes et coupez-les en gros dés. Faites-les revenir, ainsi que la citronnelle et le gingembre dans une cocotte avec l'huile d'olive sans coloration. Ajoutez les oignons brûlés et les parures de poisson, puis déglacez tout de suite le plat de cuisson avec le vin blanc et le vinaigre blanc. Versez le jus de déglaçage et l'eau dans la cocotte, puis ajoutez le gros sel. Laissez réduire de moitié. Passez au chinois étamine. Récupérez la sauce, puis ajoutez le bouquet garni. Laissez infuser 15 à 20 min. Montez à l'huile d'olive. Poivrez et rectifiez l'assaisonnement.

Divers

Oignon confit

1 oignon rouge
50 g d'eau
30 g de sucre
30 g de vinaigre blanc

Pelez l'oignon, coupez-le en lamelles et mettez-les dans un bol. Dans une casserole, faites bouillir l'eau, le sucre et le vinaigre blanc, puis versez sur les lamelles d'oignon. Laissez refroidir.

Pickles de chou rouge

100 g de chou rouge
100 g de vinaigre de Reims ou de vin

Coupez le chou rouge en julienne et mettez-le dans un bocal en verre. Versez le vinaigre et laissez mariner pendant 24 h au minimum. Vous pouvez garder ces pickles plusieurs semaines dans leur liquide au réfrigérateur.

Les tips de base

Ouvrir les coquilles Saint-Jacques

Posez la coquille Saint-Jacques en tenant la charnière opposée à vous. Glissez la lame d'un couteau fort dans l'interstice de la coquille, au niveau du muscle adducteur. Sectionnez le muscle en faisant glisser la lame le long du couvercle. Passez la coquille ouverte sous l'eau délicatement afin d'éliminer le sable. Décollez la noix à l'aide d'une cuillère à soupe. D'une pression des pouces, retirez le muscle adducteur, ainsi que la membrane, les barbes et la poche noirâtre. Retirez la ventouse du corail en la coupant.

Ouvrir les huîtres

Pour ouvrir des huîtres, un bon couteau est indispensable. Préférez un couteau spécial huître ou, à défaut, un couteau avec une lame courte et pointue. Tenez l'huître dans un torchon épais, avec la partie plate du coquillage en haut et la partie bombée en bas. Introduisez doucement la lame du couteau entre les deux parties pointues de l'huître et cherchez le joint d'intersection. Quand vous trouvez le muscle à l'intersection, coupez-le à l'aide du couteau. Décollez la partie supérieure de la coquille avec le couteau et grattez-la pour détacher la chair.

Transformer son four en étuve

Pour transformer votre four en étuve, faites bouillir 1 l d'eau, versez dans un plat à gratin et placez-le dans le bas du four éteint. Placez la grille à mi-hauteur, déposez la brioche dessus, fermez la porte du four et laissez pousser le temps indiqué.

Avec alcool

Cocktail Pink bling

Pour 1 verre - Préparation : 5 min - Repos : 1 h

1 petite poignée de mûres et de framboises
5 cl de vodka glacée
1 cl de sirop de sucre de canne
20 cl de jus de cranberry

Préparez les glaçons fruités : répartissez les framboises et les mûres dans un bac à glaçons en complétant chaque compartiment avec de l'eau, et mettez-les au congélateur pendant au moins 1 h, le temps que les glaçons prennent. Quand les glaçons sont faits, mettez-les dans un grand verre, ajoutez la vodka, le sirop de sucre de canne et le jus de cranberry. Mélangez délicatement à la cuillère et dégustez bien glacé !

Cocktail Sous les sunlights

Pour 1 verre - Préparation : 5 min

5 cl de Cointreau®
5 cl de jus de mangue
5 cl de jus d'ananas
10 cl de ginger beer fraîche

Dans un shaker, versez le Cointreau® puis les jus de fruits, et secouez bien. Versez le tout dans un verre, puis ajoutez la ginger beer fraîche.

Cocktail sureau-framboise

Pour 1 verre - Préparation : 5 min

½ citron vert
4 framboises
Glace pilée
2,5 cl de sirop de sureau
5 cl de Saint-Germain®
Eau pétillante

Coupez le citron vert en morceaux et mettez-les dans un verre. Ajoutez les framboises et écrasez le tout au pilon. Remplissez le verre de glace pilée. Versez le sirop de sureau et le Saint-Germain®, puis complétez avec de l'eau pétillante. Mélangez à la cuillère et dégustez bien frais.

Cocktail tonka

Pour 1 verre - Préparation : 10 min

30 cl de tequila
30 cl de vermouth
30 cl de jus de citron
30 cl de sirop à la tonka
10 g de blanc d'œuf
Glaçons
1 tranche de citron vert séchée pour la décoration
1 fève de tonka pour la décoration

Versez la tequila, le vermouth, le jus de citron et le sirop à la tonka dans un shaker. Ajoutez le blanc d'œuf, puis fermez le shaker et shakez pendant 30 s. Mettez des glaçons dans un verre et tournez-les avec une grande cuillère afin de refroidir le verre. Si de l'eau a fondu, retirez-la. Versez le contenu du shaker dans le verre. Décorez d'une tranche de citron vert séchée sur la mousse qui s'est formée et râpez un peu de fève de tonka fraîche. Servez immédiatement.

Daïquiri à la fraise

Pour 4 verres - Préparation : 5 min

500 g de fraises
Le jus de 3 citrons verts
16 cl de rhum cubain
10 cl de sirop de sucre de canne
Glaçons

Lavez et équeutez les fraises. Mettez-les dans un blender. Pressez les citrons verts pour en récupérer le jus et versez-le dans le blender. Mixez pour obtenir un jus et débarrassez-le dans un pichet. Ajoutez le rhum et le sucre de canne, puis mélangez. Mettez des glaçons dans 4 verres et versez le daïquiri fraise. Dégustez immédiatement, bien frais.

Espresso martini

Pour 1 verre - Préparation : 5 min

3 cl de café espresso napoletano
4 cl de vodka
1,5 cl de liqueur de café
2 cl de sirop de sucre de canne
Glaçons
Quelques grains de café grillés pour la décoration

Faites couler un café espresso pour en obtenir 3 cl. Mettez-le dans un shaker, puis ajoutez la vodka, la liqueur de café et le sirop de sucre. Ajoutez 5 glaçons, fermez le shaker et shakez jusqu'à ce que les parois soient givrées. Versez le contenu du shaker dans un verre à martini, en le filtrant afin de retirer les glaçons. Décorez de quelques grains de café grillés en les déposant délicatement sur la mousse et servez sans attendre.

Granité mangue et champagne

Pour 4 verres - Préparation : 5 min - Repos : 6 h

2 mangues

50 cl de champagne

Pelez les mangues et taillez-les en cubes. Mettez-les dans un sac congélation, puis stockez-les au congélateur pendant au moins 6 h.
Mettez les cubes de mangue congelés dans le bol d'un blender et mixez. Ajoutez le champagne, versez dans des coupes ou des flûtes à champagne et servez sans attendre.

Lait de poule de Noël

Pour 4 verres - Préparation : 15 min

150 g de sucre semoule
6 jaunes d'œufs
50 cl de lait
2 gousses de vanille
3 c. à s. de crème fraîche
1 c. à c. de rhum
½ c. à c. de noix de muscade fraîchement râpée

Battez le sucre et les jaunes d'œufs à l'aide d'un fouet électrique ; le mélange va doubler de volume. Faites tiédir le lait avec les gousses de vanille fendues et grattées. Ajoutez progressivement le lait tiède au mélange œufs-sucre. Remettez le tout sur le feu jusqu'à ce que le mélange épaississe tout en remuant avec une cuillère en bois. Hors du feu, ajoutez la crème fraîche. Filtrez, puis laissez refroidir. Une fois que le mélange est froid, ajoutez-y le rhum et la noix de muscade râpée.

Mojito nuevo

Pour 1 verre - Préparation : 5 min

1 poignée de feuilles de menthe
1 c. à c. de sucre roux
1 citron vert bien juteux, non traité
5 cl de rhum blanc
1 c. à c. de sel mélangé à ½ c. à c. de cannelle
15 cl de limonade
½ fruit de la passion

Mettez préalablement le verre au congélateur pendant 15 min. Dans un shaker, écrasez les feuilles de menthe avec le sucre roux, le citron vert coupé en quartiers et le rhum blanc. Disposez le sel à la cannelle sur une assiette. Sortez le verre du congélateur et collez le bord au mix sel-cannelle : la condensation devrait l'y fixer. Versez la limonade puis les graines et le jus du fruit de la passion. Ajoutez le contenu du shaker et dégustez bien frais.

Pêche bellini

Pour 1 verre - Préparation : 5 min

70 g de pêche blanche fraîche
3 glaçons
10 cl de prosecco

Coupez la pêche non pelée en petits morceaux et mettez-la dans un blender. Ajoutez les glaçons, puis mixez à grande vitesse afin de ne plus avoir le moindre morceau. Versez le contenu du blender dans un verre à bellini et ajoutez le prosecco. Mélangez délicatement avec une longue cuillère et servez immédiatement.

Piña colada

Pour 3 à 4 verres - Préparation : 5 min

20 cl de rhum blanc
25 cl de jus d'ananas
20 cl de crème de coco
Le jus de 1 citron + 1 c. à s.
50 g de noix de coco déshydratée râpée

Mélangez le rhum, le jus d'ananas, la crème de coco et le jus du citron. Versez 1 c. à s. de jus de citron dans une soucoupe. Déposez la noix de coco râpée dans une petite assiette. Trempez le tour de chaque verre dans le citron, puis dans la noix de coco. Versez délicatement la boisson dans les verres, sans toucher au bord, et dégustez sans attendre.

Punch

Pour 4 verres - Préparation : 10 min

4 oranges
2 pamplemousses
50 cl de jus d'ananas
16 cl de rhum
5 cl de sirop de sucre de canne
Glace pilée

Pressez les oranges et les pamplemousses pour en récupérer le jus. Versez-les dans un pichet, ajoutez les jus d'ananas, le rhum ainsi que le sucre de canne, puis mélangez. Mettez de la glace pilée dans 4 verres et versez-y le punch. Dégustez bien frais.

Sans alcool

Citronnade gingembre, curcuma

Pour 1 l - Préparation : 10 min

75 cl d'eau plate ou gazeuse
2 citrons jaunes non traités
1 pincée de curcuma
1 citron vert non traité
5 fines rondelles de gingembre épluché
1 poignée de feuilles de menthe non traitée
1 c. à c. de miel (facultatif)

Versez l'eau dans un pichet en verre. Pressez le jus des citrons jaunes, ajoutez-y le curcuma et versez le tout dans l'eau. Ajoutez le citron vert coupé en tranches fines, les rondelles de gingembre, les feuilles de menthe et éventuellement le miel, si vous avez envie d'une petite touche sucrée.

Citronnade à la fleur d'oranger

Pour 1 l - Préparation : 10 min

10 citrons
80 g de sucre
1 l d'eau
2 cl d'eau de fleur d'oranger

Pressez les citrons. Versez le sucre au fond d'un saladier, ajoutez l'eau, puis le jus de citron et enfin l'eau de fleur d'oranger en mélangeant continuellement. Transférez dans un pichet et conservez au réfrigérateur jusqu'à la dégustation.

Eau de rose

Pour 1 l - Préparation : 10 min - Repos : 24 h

60 g de pétales de roses
1,3 l d'eau
Le jus de ½ citron
330 g de sucre

Préparez le sirop de rose : dans un grand saladier, mettez les pétales de rose avec 30 cl d'eau et le jus de citron. Couvrez et laissez infuser 24 h.
Filtrez l'eau et écrasez bien les pétales dans le tamis pour récupérer le maximum d'essence. Versez cet hydrolat de rose dans une casserole et ajoutez le sucre. Portez à ébullition, puis baissez à feu doux et laissez le mélange s'épaissir jusqu'à l'obtention d'un sirop. Laissez refroidir. Servez 5 cl de sirop de rose avec 1 l d'eau, et dégustez bien frais.

Eau aromatisée ananas-anis

Pour 1 l - Préparation 5 min - Repos : 1 h

½ ananas
1 c. à s. de graines d'anis
1 l d'eau

Épluchez l'ananas et coupez-le en gros dés. Mettez-les dans un bocal avec les graines d'anis, versez l'eau et laissez infuser au moins 1 h au frais avant de déguster.

Eau aromatisée orange-rose

Pour 1 l - Préparation 5 min - Repos : 1 h

2 oranges
1 poignée de pétales de rose
1 l d'eau

Coupez les oranges en quartiers sans les éplucher. Rincez les pétales de rose. Mettez-les dans un bocal, versez l'eau et laissez infuser au moins 1 h au frais. Filtrez avant de déguster.

Chapitre 1

Apéritif

POUR
4 PERSONNES
PRÉPARATION
10 MIN
CUISSON
45 MIN

1 pâte feuilletée
3 oignons jaunes
2 c. à s. de miel
200 g de cabécou
1 œuf
Huile d'olive
Herbes de Provence
Sel
Poivre

Feuilletés aux oignons et au cabécou

1 Préchauffez le four à 180 °C.

2 Dans une sauteuse, faites revenir les oignons pelés et émincés dans un filet d'huile pendant 10 à 15 min, afin de les faire colorer. Ajoutez du sel, du poivre, des herbes de Provence et le miel. Versez un filet d'eau puis mélangez le tout et laissez mijoter 5 min supplémentaires.

3 Étalez la pâte feuilletée et découpez des cercles avec un emporte-pièce rond. Déposez les oignons caramélisés au centre de chaque feuilleté en laissant 2 cm libres sur les bords, puis rabattez-les sur eux-mêmes. Déposez une tranche de cabécou par feuilleté sur les oignons et dorez les bords avec un œuf battu.

4 Enfournez et faites cuire 25 min en surveillant la cuisson. Servez les feuilletés bien chauds.

POUR
6 PERSONNES
PRÉPARATION
15 MIN
CUISSON
50 MIN
REPOS
12 H

- 100 g de lentilles vertes
- 1 feuille de laurier
- 140 g de champignons de Paris
- 2 échalotes
- 1 gousse d'ail
- 1 c. à s. d'huile d'olive
- 130 g de tofu fumé
- 3 c. à s. de crème de soja
- 1 c. à c. de miso brun
- 40 g de noisettes
- Sel
- Poivre

Comme un pâté
de campagne

1 Faites cuire les lentilles avec la feuille de laurier en suivant les instructions du paquet. Égouttez-les, puis réservez-les.

2 Préchauffez le four à 180 °C.

3 Nettoyez rapidement les champignons, puis détaillez-les en rondelles. Épluchez les échalotes et l'ail, puis hachez-les finement.

4 Faites chauffer l'huile d'olive dans une poêle. Ajoutez les échalotes et l'ail, puis faites-les revenir doucement. Ajoutez les champignons et faites cuire quelques minutes pour leur faire perdre leur eau.

5 Dans un robot mixeur, versez les lentilles cuites, le tofu fumé, la crème de soja, le miso, du sel, du poivre, puis mixez jusqu'à obtenir une préparation homogène. Ajoutez alors la poêlée de champignons et les noisettes, et mixez rapidement afin de conserver des morceaux.

6 Mettez la préparation dans un bocal de 50 cl, tassez bien et enfournez pour 20 min de cuisson. Laissez refroidir, puis conservez au réfrigérateur pendant 12 h, afin que la terrine se tasse bien. Dégustez sur une tranche de pain.

POUR
4 PERSONNES
PRÉPARATION
15 MIN
CUISSON
25 MIN

Pâte à choux

8 cl de lait
8 cl d'eau
70 g de beurre
10 g de sucre semoule
2 g de sel
100 g de farine
2 œufs

Garniture

12 cl de crème fleurette
50 g de mascarpone
1 citron bio
1 petit filet de haddock fumé
Sel
Poivre

Gougères citron-haddock

Pâte à choux

1 Préparez la pâte comme indiqué p. 5.

2 Versez la pâte dans une poche munie d'une douille ronde de 10 mm. Sur une plaque recouverte d'une feuille de papier cuisson, formez des petits choux de 4-5 cm de diamètre. Enfournez pour 25 min environ. Laissez refroidir.

Garniture

3 Versez la crème fleurette et le mascarpone dans un cul-de-poule.

4 À l'aide d'un batteur électrique, fouettez vivement jusqu'à l'obtention d'une crème ferme.

5 Prélevez le jus et le zeste du citron. Détaillez le haddock en tout petits cubes.

6 Lorsque la crème est montée, incorporez le jus et le zeste du citron, un peu de sel et du poivre en mélangeant délicatement à l'aide d'une maryse. Ajoutez enfin le haddock et mélangez une dernière fois.

7 Placez la crème dans une poche munie d'une douille cannelée.

Montage

8 Coupez le dessus des choux, puis garnissez-les de crème. Réservez au réfrigérateur jusqu'au moment de servir.

POUR
4 PERSONNES
PRÉPARATION
20 MIN
CUISSON
15 MIN

- 2 douzaines d'huîtres
- 5 échalotes
- 20 g de beurre
- 15 cl de vin blanc sec
- 20 cl de crème fraîche
- 1 œuf
- 75 g de chapelure
- 75 g de parmesan râpé
- Sel
- Poivre

Huîtres gratinées
au parmesan

1 Ouvrez les huîtres à l'aide d'un couteau à huîtres comme indiqué p. 8 et videz-les de leur eau. Réservez-les au frais.

2 Préchauffez le four à 200 °C. Pelez les échalotes et émincez-les finement. Faites fondre le beurre dans une casserole et faites-y revenir les échalotes. Avant qu'elles ne commencent à brunir, déglacez avec le vin blanc sec. Une fois ce dernier évaporé, ajoutez la crème fraîche et laissez épaissir.

3 Mélangez l'œuf avec la chapelure et le parmesan et réservez. Sortez les huîtres du réfrigérateur et videz-les à nouveau de leur eau si besoin. Mettez 1 c. à c. de sauce dans chaque huître, puis ajoutez le mélange chapelure-œuf-parmesan.

4 Salez et poivrez à votre convenance. Enfournez et laissez cuire 5 min à 200 °C en chaleur tournante, puis laissez gratiner 2 min sous le gril.

Conseil

Pour bien choisir une huître, il convient de définir son calibre. Il est compris entre 0 et 5, ce dernier étant le plus petit. On choisira le plus souvent des huîtres n° 3, de taille « moyenne », ou bien n° 2 pour les amateurs, afin d'en apprécier toute la chair et la mâche.

POUR
4 PERSONNES

PRÉPARATION
15 MIN

CUISSON
15 MIN + 2 À 3 MIN

Pancakes

90 g de patate douce

25 cl de lait végétal de noisette

150 g de farine de sarrasin ou de châtaigne

2 c. à s. de sirop d'érable

Un peu d'huile végétale (de coco par exemple)

Finition

Quelques tranches de saumon fumé

Un pot de bonne crème fraîche

1 citron

Saumon fumé,

pancakes à la patate douce

Pancakes

1 Pelez la patate douce et coupez-la en gros morceaux. Faites-la cuire pendant 15 min dans de l'eau bouillante, puis égouttez bien.

2 Dans le bol d'un robot, mixez la patate douce cuite avec le lait végétal, la farine et le sirop d'érable jusqu'à l'obtention d'une pâte bien lisse.

3 Huilez une poêle antiadhésive et faites-la chauffer avant d'y déposer une louche de pâte, pour faire un pancake. Attendez que des bulles se forment à la surface, puis retournez le pancake, faites cuire 1 min supplémentaire, puis réservez sur une assiette. Procédez de même jusqu'à épuisement de la pâte.

Finition

4 Servez les pancakes avec les tranches de saumon fumé, en mettant à disposition la crème fraîche et le citron.

POUR
6 À 8 PERSONNES

PRÉPARATION
15 MIN

CUISSON
30 MIN

REPOS
24 H

Pâte à choux
8 cl de lait
8 cl d'eau
70 g de beurre
10 g de sucre semoule
2 g de sel
100 g de farine
2 œufs + 1 jaune d'œuf

Garniture
4 tranches de truite fumée
200 g de fromage frais
1 c. à s. de moutarde
Sel
Poivre

Petits choux
à la truite fumée

Pâte à choux

1 Préchauffez le four à 180 °C. Préparez la pâte à choux comme indiqué p. 5. À l'aide d'une poche munie d'une douille lisse, formez des boules de pâte sur une plaque recouverte de papier cuisson. Lissez délicatement chaque boule au doigt avec un peu de jaune d'œuf battu. Enfournez pour 30 min, puis laissez refroidir.

Garniture

2 Pendant ce temps, battez le fromage frais avec la moutarde, salez et poivrez. Coupez la truite en morceaux et mélangez-les délicatement à la préparation précédente. Mettez dans une poche. Coupez les choux en deux et garnissez-les de préparation à la truite.

POUR
6 À 8 PERSONNES

PRÉPARATION
15 MIN

REPOS
24 H

1 filet de saumon frais avec la peau

2 betteraves cuites

½ botte d'aneth frais (ou à défaut séché)

1 pincée de baies roses

150 g de gros sel

50 g de sucre semoule

Gravlax de saumon à la betterave

1 La veille, déposez le filet de saumon, côté peau, dans un plat à gratin suffisamment large. Vérifiez qu'il n'y ait pas d'arêtes. Le cas échéant, retirez-les à l'aide d'une pince à épiler.

2 Râpez les betteraves, ciselez finement l'aneth et concassez les baies roses. Mettez le tout dans un bol, ajoutez le sel et le sucre, puis mélangez. Répartissez cette préparation sur toute la surface du saumon, côté chair donc, de manière à la recouvrir intégralement. Fermez hermétiquement le plat à l'aide de film alimentaire et laissez mariner le saumon pendant 24 h au frais.

3 Le jour même, sortez le filet de saumon du réfrigérateur et retirez le surplus de la préparation sel-sucre. Taillez-en de belles tranches fines à l'aide d'un couteau bien aiguisé et réservez-les au réfrigérateur jusqu'au moment de servir.

4 Accompagnez d'un filet de jus de citron ou d'un peu de crème fraîche.

Astuce

Une fois votre gravlax réalisé et débarrassé du mélange sel-sucre qui le recouvre, vous pouvez le congeler entier ou déjà coupé en morceaux. Mettez-le bien à l'abri dans une boîte hermétique avant de le mettre au congélateur. Pour le décongeler, sortez-le et placez-le au réfrigérateur au moins plusieurs heures avant la dégustation.

POUR
4 PERSONNES
PRÉPARATION
10 MIN
CUISSON
3 MIN

16 gambas
250 g de farine à tempura
1 œuf
Perrier®
250 g de chapelure
Sel
Poivre

Sauce tartare
1 jaune d'œuf
1 c. à s. de moutarde à l'ancienne
25 cl d'huile de tournesol
1 c. à c. de vinaigre
20 g de câpres
20 g de cornichons
1 échalote
Ciboulette
Cerfeuil
Estragon
Sel
Poivre

Croustillants
de gambas

1 Décortiquez les gambas.

2 Préparez la pâte à tempura : mélangez dans un cul-de-poule la farine à tempura et l'œuf. Complétez avec du Perrier® bien froid jusqu'à obtenir la consistance d'une pâte à beignet pas trop liquide. Assaisonnez avec du sel et du poivre. Réservez le temps de préparer la sauce.

3 Pour la sauce tartare, mélangez au fouet le jaune d'œuf avec la moutarde. Tout en continuant de fouetter, versez l'huile en filet. Ajoutez le vinaigre, salez et poivrez. Hachez les câpres et les cornichons puis ciselez l'échalote, la ciboulette, le cerfeuil et l'estragon. Ajoutez le tout à la mayonnaise et mélangez bien.

4 Faites chauffer un bain d'huile de friture dans une friteuse ou une casserole à 190 °C.

5 Trempez les gambas dans la pâte à tempura, puis dans la chapelure.

6 Plongez les gambas dans l'huile et faites-les cuire jusqu'à ce qu'elles soient bien dorées.

7 Servez les croustillants de gambas accompagnés de sauce tartare.

POUR
1 TERRINE DE 1 KG
PRÉPARATION
20 MIN
CUISSON
1 H 30
REPOS
1 H + 48 H + 6 H

Terrine

1 kg de foie gras cru déveiné
12 g de sel
2 g de poivre blanc
1 pincée de noix de muscade
5 cl de vin doux type Sauternes

Croustillant

50 g de noisettes entières décortiquées
50 g de pistaches vertes entières
50 g d'amandes entières émondées
20 g de cranberries séchées
20 g d'abricots secs
20 g de raisins secs blonds

Terrine de foie gras maison

Quand on dit foie gras, on pense immédiatement à un beau repas festif... Et il est vrai que cette spécialité du Sud-Ouest annonce inévitablement les prémices d'un festin à partager.

Terrine

1 Deux jours avant la dégustation, sortez le foie gras du réfrigérateur et laissez-le ramollir 1 h à température ambiante.

2 Séparez les 2 lobes du foie. Assaisonnez-les sur toutes les faces de sel, de poivre blanc et de noix de muscade, puis arrosez de vin. Laissez mariner 2 h.

3 Préchauffez le four à 100 °C. Déposez le foie gras dans une terrine en le tassant bien. Fermez la terrine et enfournez-la pour 45 min à 1 h.

4 Lorsque la fonte du foie gras est de 1 cm en surface, il est mi-cuit. Sortez alors la terrine du four et tassez-la légèrement pour répartir le gras de fonte. Laissez refroidir 3 h, puis réservez 48 h au frais.

Croustillant

5 Le jour même, préchauffez le four à 145 °C. Déposez les fruits secs sur une plaque allant au four et faites-les torréfier 45 min. Laissez-les refroidir, puis concassez-les. Hachez les fruits séchés et mélangez-les avec les fruits secs.

6 Enlevez l'excédent de gras en surface du foie gras et disposez le croustillant par-dessus. Dégustez avec un bon pain grillé ou des toasts.

POUR
6 PERSONNES
PRÉPARATION
30 MIN
CUISSON
25 MIN
REPOS
2 H

Focaccia

40 g de levure de boulanger fraîche ou 2 sachets de levure de boulanger déshydratée

1 c. à s. de cassonade

15 cl d'eau chaude

400 g de farine

3 c. à s. d'huile d'olive

1 c. à c. de sel

1 c. à c. d'herbes de Provence

100 g de cerneaux de noix

150 g de fromage bleu type roquefort ou stilton

Carottes rôties au miel

1 botte de petites carottes fanes

25 g de beurre doux

1 c. à s. de miel

Sel

Poivre

Tartare de truite au raifort

2 endives

150 g de truite fumée

1 c. à c. de raifort râpé

2 c. à s. dhuile végétale

Sel

Poivre

Reste de la planche

1 grappe de raisin noir

250 g de cheddar

6 tranches de jambon de la Forêt-Noire

6 fines tranches de lard alsacien

15 cl de concentré de balsamique

Planche festive

Focaccia

1 Dans un saladier, émiettez la levure avec la cassonade et versez l'eau chaude afin d'activer les levures. Laissez reposer 30 min. Ajoutez la farine, l'huile, le sel, les herbes de Provence et la moitié des cerneaux de noix concassés et du fromage bleu coupé en petits morceaux. Mélangez afin d'obtenir une pâte souple et homogène. La pâte doit être légèrement collante mais facile à détacher du saladier.

2 Sur un plan de travail fariné, laissez reposer la pâte couverte d'un torchon pendant 1h.

3 À l'issue du temps de repos, étalez la pâte sur 3 à 4 mm d'épaisseur avec un rouleau à pâtisserie. Laissez à nouveau reposer 30 min sur une plaque recouverte de papier cuisson.

4 Préchauffez le four à 250 °C ou et placez un bol d'eau chaude dans la partie basse. Enfournez votre focaccia et faites-la cuire 13 min.

5 Une fois cuite et légèrement refroidie, coupez la focaccia en gros morceaux et garnissez du reste de noix et de fromage bleu.

Carottes rôties au miel

6 Retirez les fanes de carottes en laissant 3 à 4 cm. Brossez les carottes à l'aide du grattoir propre d'une éponge et plongez-les 3 min dans de l'eau bouillante salée.

7 Dans une poêle, faites fondre le beurre avec le miel et faites-y confire les carottes 10 min à feu doux en les retournant souvent. Salez et poivrez.

Tartare de truite au raifort

8 Effeuillez les endives.

9 Coupez la truite en petits dés et mélangez-la avec le raifort, l'huile végétale, un peu de sel et de poivre. Répartissez le tartare sur les feuilles d'endives.

Dressage de la planche

10 Rincez le raisin. Coupez le cheddar en petits triangles. Disposez tout sur la planche avec la focaccia, la truite fumée, les carottes confites, le jambon et le lard. Servez le concentré de balsamique dans un petit bol pour que chacun puisse en mettre à sa guise sur le fromage et la charcuterie.

POUR
1 TERRINE
PRÉPARATION
15 MIN
CUISSON
1 H 10
REPOS
4 H + 48 H

- 500 g de sanglier dans l'épaule
- 500 g de gorge de porc pas trop grasse
- 2 échalotes
- 3 gousses d'ail
- 1 branche de thym
- 2 c. à s. de persil plat
- 50 g de trompettes-de-la-mort
- 30 g de graisse de canard
- 2 c. à s. d'armagnac
- 12 g de sel
- Poivre du moulin

Terrine de sanglier

1 Deux jours avant la dégustation, préchauffez votre four à 210 °C.

2 Hachez le sanglier et le porc pas trop finement et placez le hachis dans un saladier.

3 Pelez et hachez les échalotes et l'ail. Lavez et ciselez le thym et le persil.

4 Dans une poêle, faites revenir les échalotes et les trompettes-de-la-mort dans la graisse de canard pendant quelques minutes. Ajoutez-les à la viande et mélangez. Ajoutez l'ail, les herbes et l'armagnac, salez, poivrez.

5 Versez la farce dans une terrine et enfournez pour une dizaine de minutes, pour la colorer. Baissez la température à 140 °C et poursuivez la cuisson jusqu'à obtenir une température à cœur de 68 °C (environ 1 h). Sortez la terrine du four, puis tassez-la légèrement pour bien répartir la graisse.

6 Laissez refroidir 4 h à température ambiante avant de réserver au réfrigérateur pendant 48 h.

7 Dégustez avec du bon pain grillé.

Chapitre 2

Entrées

POUR
4 PERSONNES
PRÉPARATION
10 MIN
CUISSON
15 MIN

- 320 g de lentilles noires
- 2 betteraves chioggia
- 80 g de cerneaux de noix
- 8 figues
- 8 c. à s. d'huile d'olive
- 2 branches de romarin
- 6 c. à s. de condiment balsamique blanc
- Sel
- Poivre

Lentilles noires aux figues rôties et aux noix

1 Faites cuire les lentilles noires pendant 15 min dans un grand volume d'eau bouillante salée.

2 Pendant ce temps, pelez les betteraves et taillez-les en julienne. Salez légèrement. Torréfiez les cerneaux de noix dans une poêle sans matière grasse pendant 2 min en surveillant bien.

3 Lavez délicatement les figues, puis coupez-les en quartiers. Faites chauffer 2 c. à s. d'huile d'olive dans une poêle antiadhésive avec le romarin, puis posez les quartiers de figues, peau contre la poêle. Faites-les rôtir 3 min à feu moyen en les surveillant, retournez-les et poursuivez la cuisson 3 min supplémentaires.

4 Émulsionnez le reste d'huile d'olive et le condiment balsamique blanc, salez et poivrez.

5 Répartissez les lentilles dans 4 assiettes, puis déposez la julienne de betterave, les noix torréfiées et les figues rôties. Arrosez de vinaigrette et de quelques brins de romarin à l'huile d'olive.

POUR
4 PERSONNES
PRÉPARATION
25 MIN
CUISSON
25 À 30 MIN

Béchamel

60 g de beurre

1 pincée de sel

60 g de farine T55

400 g de lait demi-écrémé

1 pincée de noix de muscade

1 pincée de piment de Cayenne

130 g de comté

6 œufs

Un peu de beurre et de farine pour les moules

Soufflés au fromage

1 Préparez une béchamel maison comme indiqué p. 4.

2 Préchauffez le four à 180 °C en chaleur ventilée. Râpez finement le comté à l'aide d'une râpe à fromage. Séparez les jaunes des blancs d'œufs. Ajoutez le fromage râpé et les jaunes d'œufs à la béchamel, puis mélangez immédiatement.

3 Montez les blancs d'œufs en une neige assez ferme, à l'aide d'un robot pâtissier muni du fouet ou d'un batteur électrique. Incorporez délicatement les blancs montés à la béchamel.

4 Beurrez et farinez légèrement 4 moules à soufflés individuels à bords droits, en prenant soin d'enlever l'excédent de farine. Répartissez l'appareil dans les moules, puis égalisez le contour avec le doigt afin que les bords soient bien nets. Enfournez environ 25 à 30 min.

Astuce

Le soufflé se décline selon vos préférences : vous pouvez utiliser n'importe quel fromage à pâte dure.

POUR
6 PERSONNES
PRÉPARATION
15 MIN
CUISSON
45 MIN

- 15 châtaignes environ
- 250 g de pleurotes
- 250 g de chanterelles grises
- 250 g de pieds-de-mouton
- 250 g de trompettes-de-la-mort
- 1 échalote
- 3 pommes de terre
- 1 c. à s. d'huile d'olive
- 20 g de beurre demi-sel
- 10 cl de crème liquide entière

Velouté de champignons aux châtaignes

1 Préchauffez le four à 180 °C. Incisez les châtaignes, enfournez-les et faites-les cuire 20 min. Laissez-les refroidir à l'issue de la cuisson.

2 Pendant ce temps, lavez tous les champignons. Pelez l'échalote et émincez-la. Pelez les pommes de terre et coupez-les en petits dés.

3 Faites revenir l'échalote dans l'huile d'olive, puis ajoutez les dés de pommes de terre et les champignons. Ajoutez le beurre demi-sel et faites revenir le tout pendant 10 min environ à feu moyen. Versez de l'eau à hauteur et laissez cuire 15 min.

4 Retirez les trois quarts de l'eau, puis mixez à l'aide d'un mixeur plongeant. Lorsque les châtaignes ont refroidi, épluchez-les. Ajoutez-en la moitié dans le velouté et mixez une nouvelle fois.

5 Au moment de servir, répartissez le velouté dans 6 bols et parsemez de châtaignes.

POUR
4 PERSONNES
PRÉPARATION
20 MIN
CUISSON
15 MIN

- 280 g de lentilles corail
- 1 grosse burrata
- 1 échalote
- 1 boîte de pulpe de tomates
- 10 cl de crème liquide
- 1 citron vert
- 1 poignée de câpres
- Huile d'olive
- Sel
- Poivre

Crème de lentilles corail à la burrata

1 Pelez et ciselez finement l'échalote. Dans une sauteuse, faites chauffer 2 c. à s. d'huile d'olive et faites suer l'échalote pendant 2 min. Ajoutez les lentilles corail. Mouillez avec la pulpe de tomates et 10 cl d'eau. Salez et poivrez. Faites cuire 15 min à petits frémissements.

2 Sortez la burrata, assaisonnez-la et coupez-la en quatre. Réservez.

3 Versez le contenu de la sauteuse dans la cuve d'un blender, mixez avec la crème et rectifiez l'assaisonnement. Ajoutez le jus de citron vert.

4 Servez la crème de lentille dans 4 belles assiettes creuses et disposez un morceau de burrata dedans. Au moment de servir, parsemez de zeste de citron vert râpé et de câpres, puis arrosez d'un filet d'huile d'olive.

POUR
4 PERSONNES
PRÉPARATION
30 MIN
CUISSON
30 MIN

Granola

100 g d'un mélange de noix et de graines au choix

1 c. à s. de sauce tamari

1 c. à c. de sirop d'érable

Chips

1 panais bien ferme

Huile de friture

Potage

3 échalotes

400 g de panais

1 filet d'huile de sésame

5 cl de vin blanc sec

70 cl de bouillon de légumes (voir p. 6)

20 cl de crème de soja liquide

1 c. à s. de miso blanc

Graines de tournesol germées

Oignons croustillants

Potage de panais, granola salé et chips de panais

Granola

1 Mettez les noix et les graines dans une poêle et faites chauffer sur feu moyen-vif jusqu'à ce que le mélange roussisse, en remuant régulièrement. Ajoutez la sauce tamari et le sirop d'érable, baissez le feu et veillez à ce que les graines soient bien enrobées. Retirez du feu, placez dans un petit bol et réservez.

Chips

2 Pelez le panais et taillez-le en fines tranches à l'aide d'une mandoline. Faites-les frire dans l'huile jusqu'à l'obtention de chips bien dorées. Égouttez sur du papier absorbant et réservez.

Potage

3 Pelez, puis ciselez les échalotes. Pelez les panais et coupez-les en dés. Dans une cocotte, faites fondre les échalotes avec l'huile de sésame jusqu'à ce qu'elles soient translucides. Ajoutez le panais et laissez-le colorer en remuant. Déglacez avec le vin blanc, puis ajoutez le bouillon. Couvrez et laissez cuire 25 min jusqu'à ce que le panais soit tendre.

4 Ajoutez la crème liquide et le miso, puis mixez à l'aide d'un mixeur plongeant afin que le potage soit lisse.

5 Versez-le dans 4 bols, puis parsemez de granola et de graines germées. Déposez des chips de panais et des oignons croustillants au moment de servir.

POUR
4 PERSONNES
PRÉPARATION
15 MIN
CUISSON
40 MIN

Velouté

500 g de courge butternut
20 g d'échalote
1 filet d'huile d'olive
60 cl d'eau
½ cube de bouillon de légumes
4 cl de crème liquide
1 c. à c. de curry en poudre
Poivre

Chantilly

11 cl de crème liquide froide
1 petit morceau de gingembre frais
Un peu de zeste de citron
Sel
Poivre

Velouté de butternut, chantilly gingembre-citron

Velouté

1 Lavez et pelez la butternut, puis coupez-la en deux dans la largeur. Enlevez les pépins et coupez la chair en gros morceaux.

2 Pelez et ciselez l'échalote. Faites chauffer un filet d'huile d'olive dans une cocotte en fonte et faites-y suer l'échalote pendant 2 ou 3 min, à feu moyen. Pendant ce temps, faites chauffer l'eau.

3 Ajoutez les morceaux de courge avec le cube de bouillon et l'eau chaude dans la cocotte. Couvrez et laissez cuire environ 20 min, jusqu'à ce que la courge soit fondante.

4 Ajoutez la crème liquide et le curry, poivrez. Mixez à l'aide d'un mixeur plongeant et maintenez au chaud.

Chantilly

5 Fouettez la crème liquide dans un robot pâtissier muni du fouet ou à l'aide d'un batteur électrique jusqu'à l'obtention d'une chantilly. Râpez un peu de gingembre frais et de zeste de citron au-dessus, puis mélangez délicatement.

6 Versez le velouté dans 4 jolis bols, puis déposez un peu de crème fouettée dans chaque bol à l'aide d'une cuillère ou d'une poche à douille et servez sans attendre.

POUR
4 PERSONNES
PRÉPARATION
15 MIN
CUISSON
40 MIN

800 g de rutabagas
100 g de pommes de terre
50 cl de bouillon de légumes (voir p. 6)
2 échalotes
40 g d'huile d'olive
1 ou 2 c. à c. de quatre-épices
6 dattes
15 cl de lait de coco
Sel
Poivre

Soupe de rutabagas aux dattes et aux épices

1 Faites chauffer le bouillon de légumes dans une casserole.

2 Pelez les échalotes et émincez-les. Pelez les rutabagas et les pommes de terre, puis coupez-les en morceaux. Faites revenir les échalotes dans une grande casserole avec l'huile d'olive pendant 3 min. Ajoutez les morceaux de rutabagas et de pommes de terre, puis faites revenir le tout pendant 5 min environ.

3 Versez le bouillon de légumes chaud et ajoutez les épices. Salez, poivrez, puis couvrez. Laissez cuire 30 min environ, jusqu'à ce que les légumes soient tendres.

4 Dénoyautez les dattes et hachez-les. Réservez l'équivalent de 2 dattes pour le dressage, et mettez le reste dans la casserole contenant les légumes. Ajoutez le lait de coco et mixez à l'aide d'un mixeur plongeant jusqu'à obtenir la texture souhaitée. Rectifiez l'assaisonnement si besoin.

5 Répartissez la soupe dans 4 assiettes creuses, puis décorez avec les morceaux de dattes réservés. Ajoutez si vous le souhaitez quelques graines torréfiées et un filet d'huile d'olive.

POUR
6 PERSONNES
PRÉPARATION
10 MIN
REPOS
1 H

Marinade

2 citrons verts

3 cm de racine de gingembre frais

1 c. à s. d'huile d'olive

1 pincée de curry

Sel

Poivre du moulin

Carpaccio

300 g de noix de Saint-Jacques sans corail

Baies roses

Carpaccio de Saint-Jacques, gingembre et citron vert

Marinade

1 Prélevez le zeste de 1 citron vert à l'aide d'une râpe et réservez-le.

2 Pressez les 2 citrons à l'aide d'un presse-agrume pour en récupérer le jus, et versez ce dernier dans un bol.

3 Épluchez le gingembre, puis râpez-le finement à l'aide d'une râpe au-dessus du bol. Ajoutez l'huile d'olive et le curry, salez et poivrez. Mélangez le tout.

Carpaccio

4 À l'aide d'un couteau bien aiguisé, détaillez les noix de Saint-Jacques en fines tranches. Mettez-les dans un saladier, ajoutez la marinade, puis mélangez délicatement. Couvrez de film étirable et laissez reposer 1 h au réfrigérateur.

5 Répartissez le carpaccio de Saint-Jacques dans 6 assiettes, saupoudrez de zeste de citron vert et parsemez de quelques baies roses. Servez bien frais.

Conseils

Avant de couper les Saint-Jacques, prenez soin de vérifier que le petit film qui les entoure a bien été retiré. Vous pouvez ajouter de la coriandre ciselée et/ou des cubes de mangue et d'avocat. Vous pouvez également remplacer le curry par des grains de vanille.

POUR
4 PERSONNES
PRÉPARATION
20 MIN
CUISSON
12 MIN

16 coquilles Saint-Jacques
50 g de beurre
1 échalote
20 cl de lait de coco
1 c. à c. de curry en poudre
Sel
Poivre

Cassolettes de Saint-Jacques, curry-coco

1 Préchauffez le four à 180 °C. Ouvrez les coquilles Saint-Jacques et récupérez les noix comme indiqué p. 8.

2 Dans une poêle, faites fondre le beurre à feu vif jusqu'à ce qu'il devienne noisette. Faites-y revenir les noix de Saint-Jacques 1 min de chaque côté. Réservez dans une assiette.

3 Pelez et hachez finement l'échalote. Dans un saladier, mélangez l'échalote avec le lait de coco, le curry, du sel et du poivre.

4 Répartissez les noix de Saint-Jacques dans des cassolettes, en comptant 4 noix par personne, puis versez la sauce curry-coco par-dessus. Enfournez et faites cuire pendant 10 min. Servez bien chaud.

POUR
12 MILLEFEUILLES
PRÉPARATION
10 MIN
CUISSON
5 MIN
REPOS
1 H

Galettes

250 g de farine de sarrasin
2 g de sel
1 œuf
500 g d'eau
250 g de lait
5 g d'huile neutre
Beurre

Garniture

500 g de chair de crabe
3 branches de coriandre
3 branches de persil
¼ de botte de ciboulette
Un peu de gingembre frais
25 g d'huile de noisette
25 g d'huile de noix
1 c. à s. de vinaigre balsamique
2 c. à s. de sauce soja

Millefeuille de sarrasin au crabe

Galettes

1 Mettez la farine et le sel dans le bol d'un robot pâtissier muni du fouet et actionnez-le à petite vitesse. Ajoutez l'œuf, puis versez l'eau progressivement. Versez le lait et continuez à fouetter pendant 5 à 7 min. Laissez la pâte reposer au moins 1 h.

2 Ajoutez l'huile dans la pâte et faites chauffer une petite poêle antiadhésive. Lorsqu'elle est très chaude, ajoutez une noix de beurre, puis versez un peu de pâte. Après 1 min environ, retournez-la et laissez cuire 30 s. Renouvelez l'opération jusqu'à épuisement de la pâte, vous devez obtenir 36 crêpes.

Garniture

3 Hachez les herbes et le gingembre. Faites chauffer les huiles, le vinaigre et la sauce soja dans une petite casserole. À ébullition, ajoutez les herbes et le gingembre, puis retirez du feu.

4 Versez un tiers de la sauce obtenue dans un petit bol, et remettez le reste sur le feu. Ajoutez la chair de tourteau et faites-la chauffer doucement.

5 Montez les millefeuilles en alternant 3 galettes et 2 couches de crabe. Servez avec le reste de sauce, et une salade de jeunes pousses simplement assaisonnée d'huile d'olive et de vinaigre balsamique.

POUR
4 PERSONNES
PRÉPARATION
15 MIN
CUISSON
15 MIN

- 800 g de patates douces
- 60 g de beurre
- 30 cl de lait entier
- 500 g de crevettes
- 2 c. à s. d'huile d'olive
- 2 c. à c. de curry en poudre
- 2 poignées de pousses d'épinard
- 20 g de graines de lin

Crevettes au curry, patate douce, pousses d'épinard

1 Épluchez et rincez les patates douces, puis coupez-les en cubes. Faites-les cuire 10 min dans une casserole d'eau bouillante salée.

2 Pendant ce temps, faites cuire le beurre dans une casserole jusqu'à ce qu'il soit noisette, puis déglacez-le avec le lait entier. Versez le tout dans le bol d'un blender, ajoutez la patate douce cuite et mixez longuement afin d'obtenir une purée parfaitement lisse. Salez, poivrez et réservez au chaud.

3 Décortiquez les crevettes. Faites chauffer l'huile d'olive avec le curry dans une poêle. Faites-y sauter les crevettes à feu vif pendant 3 min en remuant souvent.

4 Répartissez la purée de patate douce dans 4 assiettes creuses, déposez les crevettes au curry dessus, ajoutez quelques pousses d'épinard et parsemez de graines de lin.

POUR
4 PERSONNES

PRÉPARATION
15 MIN

CUISSON
15 MIN

REPOS
1 NUIT

20 g de beurre
2 gousses de vanille
1 kg de châtaignes sous vide
40 cl de lait
90 cl de bouillon de légumes (voir p. 6)
20 cl de crème liquide
20 pétoncles
Sel
Poivre

Soupe de châtaignes, pétoncles à la vanille

1 La veille, fendez les gousses de vanille dans la longueur et récupérez les grains. Mélangez-les avec le beurre en le travaillant pour qu'il soit pommade, mettez dans un récipient hermétique et réservez au frais.

2 Le jour même, mettez les châtaignes, le lait et le bouillon de légumes dans une casserole. Portez doucement à ébullition, ajoutez ½ c. à c. de sel et faites cuire à découvert pendant 12 min.

3 Égouttez les châtaignes et récupérez l'eau de cuisson. Dans un blender, mixez longuement les châtaignes avec la crème liquide tout en ajoutant de l'eau de cuisson pour délayer le velouté.

4 Au dernier moment, faites chauffer le beurre à la vanille dans une poêle, puis faites-y saisir les pétoncles 30 s de chaque côté. Salez et poivrez.

5 Dressez le velouté dans chaque assiette et déposez les pétoncles au beurre de vanille dessus.

POUR
4 PERSONNES
PRÉPARATION
20 MIN

Purée d'avocat
2 avocats
Le jus de 1 citron

Tartare de thon
240 g de thon frais
2 échalotes
Quelques feuilles de coriandre
Quelques brins de ciboulette
Graines de sésame
1 c. à s. d'huile de sésame
1 c. à s. d'huile d'olive
1 c. à s. de jus de citron
1 c. à s. de sauce soja salée
Sel
Poivre

Tartare de thon

Purée d'avocat

1 Coupez les avocats en deux, retirez les noyaux et mettez la chair dans un bol. Ajoutez le jus de citron afin que l'avocat ne noircisse pas, puis réduisez-le en purée à l'aide d'une fourchette. Réservez au frais.

Tartare de thon

2 Retirez la peau du thon ainsi que les arêtes, puis taillez la chair en petits cubes. Réservez au frais.

3 Pelez puis ciselez les échalotes. Lavez la coriandre et la ciboulette et hachez-les. Dans un cul-de-poule, mélangez les cubes de thon avec les échalotes et les herbes, puis ajoutez les graines de sésame.

4 Préparez une vinaigrette en mélangeant de l'huile de sésame, l'huile d'olive, le jus de citron et la sauce soja. Versez la vinaigrette dans le cul-de-poule contenant le tartare, puis salez et poivrez à votre convenance.

5 Posez un cercle individuel au centre de 4 assiettes, puis répartissez la purée d'avocat au fond de chacun d'eux. Lissez, puis déposez le tartare de thon par-dessus. Retirez les cercles et servez sans attendre.

POUR
4 PERSONNES
PRÉPARATION
15 MIN
CUISSON
5 MIN

4 escalopes de foie gras
1 carotte
50 cl de bouillon de poule corsé
1 branche de céleri
1 branche de verveine
Sel
Poivre

Foie gras poché à la verveine

1 Lavez la carotte, pelez-la et coupez-la en rondelles. Émincez le céleri et effeuillez la verveine.

2 Faites chauffer le bouillon de poule dans une casserole, faites-y pocher les morceaux de carottes et de céleri. Ajoutez la verveine et arrêtez la cuisson. Couvrez.

3 Salez légèrement les escalopes de foie gras et faites-les colorer 30 s sur chaque face dans une poêle sans matière grasse. Égouttez-les sur du papier absorbant, puis mettez-les dans le bouillon de poule à la verveine. Faites-les pocher 1 min, puis récupérez-les à l'aide d'une écumoire.

4 Disposez une escalope de foie gras dans le fond de 4 assiettes creuses, puis ajoutez une bonne louche de bouillon contenant des légumes et de la verveine. Servez bien chaud.

Conseil

Choisissez un foie gras de bonne provenance géographique, d'un petit producteur si possible, d'environ 400 à 500 g. N'hésitez pas à l'acheter déjà éveiné à chaud, cela vous évitera de le faire à froid et le résultat sera plus net. Enfin, privilégiez un foie gras conditionné dans du papier et non sous-vide, souple lorsqu'on appuie dessus avec le doigt.

POUR
4 PERSONNES
PRÉPARATION
15 MIN
CUISSON
10 MIN

- 100 g de beaufort
- 20 cl de crème liquide
- 2 poires
- Le jus de ½ citron
- 1 c. à c. de cumin en poudre
- 2 tranches de jambon cru
- Sel
- Poivre

Verrines de poires, mousse de beaufort et chips de jambon cru

1 Coupez le beaufort en morceaux, puis mettez-le dans une casserole de taille moyenne avec la crème liquide. Faites fondre à feu moyen afin que le fromage n'accroche pas au fond. Lorsqu'il est entièrement amalgamé à la crème, laissez refroidir.

2 Pendant ce temps, épluchez les poires et coupez leur chair en petite brunoise. Mettez-la dans un bol, ajoutez le jus de citron, le cumin et mélangez. Répartissez la brunoise dans le fond de 4 verrines, puis recouvrez de crème de beaufort. Réservez à température ambiante.

3 Déposez les tranches de jambon cru sur une plaque recouverte de papier cuisson, puis placez-la sous la grille du four quelques minutes pour que le jambon devienne croustillant. Cassez ce dernier en petits morceaux et ajoutez-en sur les verrines au moment de servir.

Conseil

Évitez de mettre les verrines au réfrigérateur, cela ferait durcir la crème.

Chapitre 3

Plats veggies

POUR
4 PERSONNES
PRÉPARATION
30 MIN
CUISSON
20 MIN

320 g de riz arborio
Bouillon de légumes (voir p. 6)
20 cl de champagne
1 feuille de gélatine
100 g de petits pois
160 g de parmesan
80 g de beurre
Pousses de petits pois
Sel
Poivre

Risi e bisi,
siphon champagne

Ce plat est une spécialité vénitienne, revisitée par l'ajout d'une mousse de champagne. Pour une version 100 % italienne, vous pouvez toujours choisir d'utiliser plutôt du prosecco !

1 Faites chauffer le bouillon de légumes et gardez-le sur un coin du fourneau.

2 Dans une casserole, faites légèrement torréfier le riz à sec pendant quelques minutes. Lorsqu'il est chaud et que l'amidon est totalement rendu, mouillez avec une louche de bouillon. Mélangez sans cesse et ajoutez une louche de bouillon toutes les 2-3 min.

3 Pendant ce temps, mettez le champagne avec la feuille de gélatine non hydratée dans une casserole et faites chauffer tout doucement, jusqu'à ce qu'il commence à bouillir. La gélatine doit alors être intégralement incorporée. Versez dans un siphon, ajoutez une cartouche de seltz et réservez.

4 Faites cuire les petits pois 4 min dans de l'eau bouillante puis plongez-les dans de l'eau glacée. Égouttez.

5 Une fois que le risotto est cuit, liez-le avec le parmesan râpé et le beurre, puis assaisonnez. Servez-le dans des assiettes creuses et disposez les petits pois dessus, ainsi que quelques pousses de petits pois. Ajoutez du siphon champagne à la toute dernière seconde, au moment de servir.

POUR
2 PERSONNES
PRÉPARATION
15 MIN
CUISSON
20 MIN

160 g de lentilles corail
20 g de noisettes
1 poire mûre
10 g de beurre
4 figues fraîches
60 g de mimolette vieille
2 c. à s. de vinaigre de figue
4 c. à s. d'huile d'olive

Lentilles corail, poires, figues, mimolette vieille

1 Faites bouillir un grand volume d'eau salée. Plongez-y les lentilles corail et faites-les cuire 8 min à petits frémissements.

2 Concassez grossièrement les noisettes et faites-les torréfier dans une poêle sans matière grasse pendant quelques minutes. Débarrassez.

3 Lavez et coupez finement la poire dans le sens de la hauteur. Dans la même poêle, faites fondre 10 g de beurre pour y faire revenir les lamelles de poire pendant 2 min sur chaque côté, tout en les arrosant de beurre.

4 Lavez et coupez les figues en quartiers (4 ou 6 selon leur taille). Découpez la mimolette en fines tranches à l'aide d'une râpe ou d'un couteau bien aiguisé.

5 Préparez la vinaigrette en mélangeant le vinaigre de figue et l'huile d'olive.

6 Passez au dressage : disposez dans une grande assiette les figues fraîches, les poires et les lentilles corail. Ajoutez la vinaigrette. Parsemez de mimolette et de noisettes.

POUR
4 PERSONNES
PRÉPARATION
10 MIN
CUISSON
25 MIN

400 g de pousses d'épinard
250 g de ricotta
1 gousse d'ail
1 œuf
50 g de parmesan râpé
40 g de farine
80 g de beurre
1 poignée de feuilles de sauge
Muscade râpée
Sel
Poivre

Gnudi ricotta épinard au beurre de sauge

1 Lavez les pousses d'épinard et séchez-les. Placez la ricotta dans une passoire afin que le petit lait s'égoutte.

2 Pelez et émincez la gousse d'ail. Faites revenir l'ail dans une sauteuse, puis ajoutez l'épinard et faites-le cuire. Placez dans une passoire afin que le surplus d'eau s'écoule, et pressez si besoin avec une cuillère en bois pour accélérer le processus. Lorsqu'il est bien égoutté, hachez finement l'épinard au couteau.

3 Placez la ricotta égouttée dans un saladier et écrasez-la grossièrement à la fourchette, puis ajoutez l'épinard, du sel, du poivre et de la muscade râpée. Ajoutez l'œuf, le parmesan râpé et la farine puis mélangez le tout.

4 Prélevez de la farce et formez des boulettes de la taille d'une noix avec la paume de vos mains. Farinez-les légèrement et placez-les sur une plaque recouverte de papier cuisson au fur et à mesure que vous les confectionnez.

5 Faites cuire les gnudi dans un grand volume d'eau bouillante salée pendant environ 5 min, jusqu'à ce qu'ils remontent à la surface.

6 Pendant ce temps, faites fondre le beurre dans une poêle et ajoutez les feuilles de sauge. Transférez les gnudi cuits dans la poêle, faites-les revenir quelques minutes pour qu'ils s'imprègnent de la sauce et ajoutez du parmesan râpé. Servez immédiatement.

POUR
4 PERSONNES
PRÉPARATION
50 MIN
CUISSON
15 MIN ENVIRON
REPOS
1 H + 15 À 20 MIN

Pâte fraîche
400 g de farine
4 œufs
4 pincées de sel fin
2 c. à s. d'huile d'olive

70 g de truffe blanche
70 g de truffe noire
100 g de crème liquide entière
1 petite carotte
50 g de chou blanc
300 g de champignons de Paris
50 g de beurre
70 g de mie de pain
Grana padano
40 g de pickles de chou rouge (voir p. 7)
Huile d'olive extra vierge
Sel
Poivre

Agnolotti aux truffes blanches et noires

1 Coupez 10 g de chaque truffe en morceaux très fins. Mettez-les à infuser dans la crème froide pendant 1 h.

2 Préparez la pâte fraîche comme indiqué p. 6 et laissez-la reposer 15 à 20 min.

3 Lavez et pelez la carotte et le chou, coupez-les. Lavez et émincez les champignons. Faites-les mijoter avec 25 g de beurre dans une sauteuse, puis ajoutez la mie de pain. Laissez cuire 10 à 15 min tout doucement. Débarrassez dans le bol d'un blender et mixez jusqu'à l'obtention d'une consistance lisse. Laissez refroidir et réservez dans une poche à douille sans douille.

4 Abaissez la pâte en plusieurs bandes à 1,5 mm d'épaisseur à l'aide d'un laminoir ou, à défaut, d'un rouleau à pâtisserie. Posez une première bande de pâte sur un moule à agnolotti, puis creusez légèrement le centre de chaque carré avec votre doigt. Mettez-y la farce de champignons et recouvrez ensuite d'une deuxième bande de pâte. Passez un rouleau à pâtisserie sur le moule pour détacher les agnolotti.

5 Portez à ébullition une grande casserole d'eau salée et faites cuire les agnolotti pendant 1 min 30.

6 Pendant ce temps, mixez la crème infusée aux truffes dans un blender jusqu'à ce qu'elle soit bien lisse.

7 Égouttez les agnolotti en prenant soin de garder un peu de leur eau de cuisson.

8 Glacez les agnolotti avec la crème de truffe - en veillant à en réserver un peu pour la finition -, 25 g de beurre et l'eau de cuisson. Assaisonnez puis répartissez-les dans 4 assiettes. Ajoutez alors le reste de crème de truffe, râpez les truffes entières ainsi qu'un peu de grana padano et ajoutez les pickles de chou rouge. Agrémentez d'un filet d'huile d'olive et dégustez immédiatement.

POUR
4 PERSONNES
PRÉPARATION
10 MIN
CUISSON
30 MIN

300 g de champignons (chanterelles, cèpes, girolles...)

1 gousse d'ail

2 échalotes

1 c. à s. de vin blanc

340 g de pâtes Fregola sarda

80 cl de bouillon de légumes environ (voir p. 6)

Huile d'olive

100 g de parmesan râpé

Sel

Poivre

Risotto de fregola aux champignons

1 Préparez les champignons : rincez-les rapidement sous l'eau, essuyez-les et détaillez-en la moitié en morceaux.

2 Pelez et émincez l'ail et les échalotes. Dans une sauteuse, faites revenir l'ail et l'échalote dans l'huile d'olive. Ajoutez les champignons en morceaux et faites revenir le tout 3 à 4 min. Déglacez au vin blanc. Ajoutez les pâtes fregola, mélangez et couvrez du bouillon de légumes préalablement tiédi. Couvrez le tout et laissez cuire à feu moyen pendant 20 min environ, ou jusqu'à ce que le bouillon soit presque totalement évaporé et les pâtes cuites. Si besoin, ajoutez du bouillon à mi-cuisson.

3 Pendant ce temps, faites revenir la seconde échalote émincée dans une sauteuse avec de l'huile et ajoutez les champignons entiers. Faites-les revenir 5 min à feu vif jusqu'à ce qu'ils aient une belle coloration. Salez et poivrez.

4 Lorsque le risotto est cuit, ajoutez le parmesan, mélangez et servez dans des assiettes. Déposez les champignons cuits entiers par-dessus et saupoudrez de parmesan râpé.

POUR **4 PERSONNES**	600 g de pommes de terre	20 g de beurre
PRÉPARATION **30 MIN**	250 g de betterave cuite	Noisettes
CUISSON **45 MIN**	150 g de feta	Persil
	100 g de yaourt grec	Sel
	250 g de farine	Poivre
	1 œuf	

Gnocchi de betteraves, noisettes grillées et crème de feta

1 Faites cuire les pommes de terre avec leur peau dans un grand volume d'eau bouillante pendant 20 à 30 min, jusqu'à ce qu'elles soient tendres.

2 Pendant ce temps, mixez la betterave au robot. Réservez.

3 Préparez la crème de feta en mixant la feta avec le yaourt grec au robot, jusqu'à obtenir une texture lisse. Réservez au réfrigérateur.

4 À l'issue de la cuisson, égouttez les pommes de terre, épluchez-les et réduisez-les en purée pendant qu'elles sont encore chaudes.

5 Dans un saladier, mélangez la purée de pomme de terre avec la purée de betterave, la farine, du sel et du poivre. Ajoutez l'œuf et pétrissez jusqu'à obtenir une boule de pâte homogène.

6 Façonnez les gnocchi : détaillez la boule de pâte farinée en 4 morceaux, puis faites-en 4 boudins. Coupez des gnocchi de 3 cm dans chaque boudin. Farinez bien le tout afin d'éviter que les gnocchi ne sèchent ou n'accrochent.

7 Faites cuire les gnocchi dans un grand volume d'eau bouillante salée pendant 2 à 3 min, ou jusqu'à ce qu'ils remontent à la surface. Sortez-les ensuite à l'aide d'une écumoire puis faites-les revenir dans une poêle avec du beurre pour les faire griller.

8 Pendant qu'ils grillent, faites torréfier quelques noisettes dans une poêle.

9 Dressez les assiettes en disposant la crème de feta, les gnocchi grillés et les noisettes torréfiées. Ajoutez du persil haché, assaisonnez selon votre goût et dégustez immédiatement.

POUR
4 PERSONNES
PRÉPARATION
15 MIN
CUISSON
15 MIN

- 8 à 10 gros champignons de Paris
- 1 échalote
- 15 g de beurre
- 200 g de fromage frais ail et fines herbes (type Boursin®)
- 2 c. à s. de parmesan râpé
- Poivre

Champignons farcis
au fromage frais

1 Préchauffez le four à 180 °C.

2 Nettoyez les champignons, retirez les pieds et coupez ces derniers finement. Pelez et émincez l'échalote et faites revenir les morceaux de pieds de champignons et l'échalote dans une poêle avec le beurre.

3 Dans un bol, déposez le fromage, puis ajoutez les pieds de champignons et l'échalote cuits, du poivre et mélangez le tout.

4 Farcissez les têtes de champignons avec ce mélange et déposez-les dans un plat allant au four. Saupoudrez-les de parmesan râpé, enfournez et faites cuire 10 à 15 min.

POUR
4 PERSONNES
PRÉPARATION
20 MIN
CUISSON
20 MIN

320 g de riz integrale
Bouillon de légumes (voir p. 6)
25 g de noisettes
2 boules de mozzarella di bufala
80 g de beurre
160 g de parmesan
Pousses de shiso vert
Sel
Poivre

Risotto integrale, mozzarella di bufala et noisettes

1 Préchauffez le four à 180 °C. Faites-y torréfier les noisettes pendant 5 min, puis laissez refroidir.

2 Dans une casserole, faites légèrement torréfier le riz à sec pendant quelques minutes. Lorsque le riz est chaud et translucide, mouillez avec une louche de bouillon de légumes chaud. Mélangez sans cesse et ajoutez une louche de bouillon toutes les 2-3 min.

3 Pendant ce temps, concassez les noisettes torréfiées et coupez les boules de mozzarella en deux. À la fin de la cuisson du riz, ajoutez le beurre et le parmesan râpé, mélangez pour bien lier le risotto et assaisonnez-le en sel et en poivre.

4 Répartissez-le dans des assiettes, disposez les morceaux de mozzarella dessus et parsemez les noisettes concassées. Agrémentez de pousses de shiso vert.

POUR
4 PERSONNES
PRÉPARATION
30 MIN
CUISSON
20 MIN
REPOS
15 À 20 MIN

Pâte fraîche
200 g de farine
2 œufs
2 pincées de sel fin
2 c. à c. d'huile d'olive

Garniture
200 g de chèvre frais
Quelques brins de ciboulette
Sel
Poivre

Sauce
20 morilles environ
1 échalote
20 g de beurre doux
5 c. à s. de crème fraîche
Huile d'olive
Sel
Poivre

Ravioli de chèvre frais, sauce aux morilles

Ravioli

1 Préparez la pâte fraîche pour les ravioli comme indiqué p. 6 avec les quantités indiquées ci-dessus, et laissez-la reposer au réfrigérateur 15 à 20 min.

2 Farinez votre plan de travail et étalez la pâte à l'aide d'un rouleau à pâtisserie, pour obtenir une pâte d'environ 2 mm d'épaisseur. Détaillez une trentaine de disques à l'aide d'un emporte-pièce.

3 Écrasez le chèvre frais à la fourchette, salez, poivrez et ajoutez un peu de ciboulette.

4 Disposez un peu de chèvre frais au centre de la moitié des disques et, à l'aide du doigt, déposez un peu d'eau sur le bord. Constituez chaque ravioli en déposant un second disque de pâte sur la farce et en appuyant bien sur tout le contour pour souder hermétiquement.

Sauce

5 Nettoyez minutieusement les morilles. Pelez l'échalote, émincez-la et faites-la revenir avec un peu d'huile d'olive dans une poêle. Ajoutez les morilles et le beurre, puis faites revenir environ 15 min. Ajoutez la crème, puis réservez.

Info

Il faut toujours bien cuire les morilles fraîches – au moins 15 min – pour qu'elles soient consommables, car elles contiennent des substances toxiques qui disparaissent à la cuisson. C'est pour cela que l'on trouve souvent des morilles sèches, car la dessiccation élimine leur toxicité. Attention aussi à ne pas confondre les morilles avec d'autres champignons de forme semblable !

Finition

6 Portez à ébullition une grande casserole d'eau salée. Plongez-y les ravioli et laissez-les cuire quelques minutes, jusqu'à ce qu'elles remontent à la surface. Égouttez-les, mettez-les dans la sauce et faites revenir le tout quelques minutes le temps de réchauffer celle-ci. Servez chaud.

POUR
4 PERSONNES
PRÉPARATION
10 MIN
CUISSON
1 H

1 potimarron de 1 kg environ
400 g de fromage à fondue
10 cl de vin blanc
2 gousses d'ail
3 échalotes
Poivre
Thym séché

Fondue de fromage au potimarron

1 Préchauffez le four à 160 °C.

2 Coupez le chapeau du potimarron, videz-le et placez-le sur une plaque de cuisson. Enfournez et faites cuire 30 min.

3 Pendant ce temps, dans un saladier, mélangez le fromage, le vin blanc, les gousses d'ail et les échalotes pelées et finement émincées, le poivre et le thym.

4 Après 30 min, versez ce mélange dans le potimarron précuit, enfournez et faites cuire à nouveau 30 min, à 180 °C.

5 Servez avec des morceaux de pain à tremper dans le fromage, comme une fondue.

STAUB

POUR
4 PERSONNES
PRÉPARATION
20 MIN
CUISSON
35 MIN

Gnocchi
200 g de pommes de terre
300 g de potimarron
1 jaune d'œuf
250 g de farine T45
1 pincée de noix de muscade râpée
Sel

Beurre de sauge
50 g de beurre
8 feuilles de sauge
Sel
Poivre

Finition
Parmesan râpé

Gnocchi de potimarron au beurre de sauge

1 Épluchez les pommes de terre et lavez le potimarron. Coupez-les en dés, puis faites-les cuire à la vapeur pendant 20 à 30 min. Mettez-les ensuite dans un saladier puis mélangez avec une cuillère en bois ou à la main et mélangez pendant 2 min. Ajoutez ensuite le jaune d'œuf, puis la farine petit à petit, la muscade, le sel, et malaxez pendant 2 min.

2 Farinez votre plan de travail et la pâte. Formez des boudins de pâte de 1-2 cm de diamètre et coupez des tronçons de 3-4 cm de long. Roulez-les sur le dos d'une fourchette ou sur une planche à gnocchi.

3 Portez à ébullition une grande casserole d'eau bouillante salée, puis plongez-y les gnocchi et laissez cuire quelques minutes jusqu'à ce qu'ils remontent à la surface. Égouttez-les.

4 Faites fondre le beurre dans une poêle avec les feuilles de sauge. Ajoutez les gnocchi égouttés, roulez-les dans le beurre de sauge, salez, poivrez et servez avec du parmesan.

Variante

Vous pouvez remplacer le potimarron par une autre courge. Ajoutez 1 gousse d'ail écrasée au beurre de sauge. Si votre purée est trop humide, vous pouvez la dessécher quelques minutes dans une casserole.

POUR
4 PERSONNES
PRÉPARATION
10 MIN
CUISSON
50 MIN

2 courges butternut

180 g de bûche de chèvre ou gorgonzola

Feuilles de sauge

1 poignée d'amandes ou de noix

Marinade

5 ou 6 c. à s. d'huile d'olive

2 c. à s. de miel

1 gousse d'ail

1 c. à s. de cumin

Sel

Poivre

Butternut hasselback au miel, chèvre et sauge

1 Préchauffez le four à 180 °C.

2 Épluchez les butternuts, coupez-les en deux dans la longueur et épépinez-les. Déposez-les sur une plaque recouverte de papier cuisson, la face plate contre la plaque, enfournez et faites cuire 15 min.

3 Pendant ce temps, préparez la marinade en mélangeant dans un bol l'huile d'olive, le miel, l'ail pelé et finement émincé, le cumin, le sel et le poivre.

4 Sortez les courges du four et entaillez-les dans la largeur sur environ 4-5 cm, sans couper entièrement. Répartissez des tranches de bûche de chèvre dans une lamelle sur deux de la butternut, et faites de même avec les feuilles de sauge.

5 Badigeonnez les butternuts de marinade au miel et enfournez à nouveau pendant 25 min.

6 Répartissez des amandes effilées sur le dessus et poursuivez la cuisson 10 min. Servez chaud, avec une salade verte.

Chapitre 4

Poissons & crustacés

POUR
4 PERSONNES
PRÉPARATION
30 MIN
CUISSON
15 MIN ENVIRON

20 conchiglioni
400 g d'espadon
20 g d'aneth
12 gouttes de colatura di alici di Cetara
30 g d'eau
1 g de lécithine de soja
35 g de jus de citron de Sorrente
Huile d'olive extra vierge
Sel
Poivre

Conchiglioni, farce espadon-aneth, émulsion de citron de Sorrente

Dans cette assiette, il y a un produit exceptionnel et connu dans le monde entier : le citron de Sorrente, qui vient du Centre-Ouest de la Campanie.

1 Dans une sauteuse, faites cuire l'espadon des 2 côtés avec un peu d'huile d'olive chaude en comptant 1 min 30 par face. Après la cuisson, émincez-le très finement à l'aide d'un couteau. Hachez également l'aneth et mélangez-la à l'effiloché d'espadon en ajoutant le colatura di alici di Cetara. Débarrassez cette farce dans une poche à douille sans douille et réservez.

2 Portez à ébullition une grande casserole d'eau salée et faites cuire les conchiglioni selon les indications du paquet, pour qu'elles soient al dente. Égouttez-les.

3 Garnissez chaque pâte de farce espadon-aneth.

4 Versez l'eau, la lécithine et le jus de citron dans un bol et émulsionnez à l'aide d'un mixeur plongeant.

5 Dressez les conchiglioni dans une assiette et, à l'aide d'une cuillère, disposez de l'émulsion de citron tout autour. Agrémentez de quelques brins d'aneth et de zestes de citron et dégustez immédiatement.

POUR

4 PERSONNES

PRÉPARATION

45 MIN

CUISSON

40 MIN

Gnocchi

300 g de pommes de terre à chair farineuse

3 jaunes d'œufs

95 g de farine

50 g de grana padano râpé

1 pincée de noix de muscade râpée

Sel

Garniture

150 g de cresson

1 gousse d'ail

40 palourdes

½ verre de vin blanc

50 g de fumet de poisson (p. 7)

25 g de beurre

Pousses de coriandre

Huile d'olive

Sel

Gnocchi aux palourdes, jus de cresson

1 Préparez les gnocchi. Préchauffez le four à 170 °C. Emballez chaque pomme de terre dans une feuille de papier aluminium et faites-les cuire au four pendant 30 min environ, en fonction de leur taille. Retirez les pommes de terre de leur papier et pelez-les. Écrasez-les grossièrement et passez-les au moulin à purée ou au tamis. Ajoutez les jaunes d'œufs, la farine, le grana padano, du sel, de la noix de muscade râpée. Travaillez à la main sur une planche fleurée de farine, jusqu'à l'obtention d'une pâte tiède. Formez une boule et farinez-la. Formez de longs boudins. Détaillez des gnocchi de 2 cm de longueur et saupoudrez-les de farine.

2 Portez à ébullition une grande casserole d'eau salée, et plongez-y les gnocchi. Faites-les cuire 3 min ou jusqu'à ce qu'ils remontent à la surface.

3 Plongez les feuilles de cresson dans une casserole d'eau bouillante pendant 30 s à 1 min, puis mixez-les au blender tant qu'elles sont encore chaudes. Lorsque la texture est bien lisse, débarrassez dans un bol lui-même posé dans un bol plus grand rempli de glaçons.

4 Faites bien chauffer une grande casserole à sec. Ajoutez une gousse d'ail écrasée et un filet d'huile d'olive, puis jetez-y les palourdes. Versez le vin blanc et une petite louche d'eau, puis couvrez immédiatement avec un couvercle. Laissez cuire 4 min à couvert avant de retirer du feu. Gardez la moitié des palourdes dans leur coquille et retirez les coquilles de la seconde moitié.

5 Préparez le fumet de poisson comme indiqué p. 7.

6 Faites rôtir les gnocchi dans une poêle chaude pendant 2-3 min, puis glacez-les dans le fumet et le beurre.

7 Répartissez les gnocchi dans 4 assiettes. Pochez quelques points de crème au cresson, ajoutez les palourdes et parsemez de pousses de coriandre. Servez chaud.

POUR
4 PERSONNES

PRÉPARATION
30 MIN

CUISSON
20 MIN

320 g de riz rouge

Fumet de poisson (voir p. 7) ou bouillon de légumes (voir p. 6)

20 shiitakés

8 langoustines

160 g de parmesan

2 c. à c. de pâte de curry

150 g de lait de coco

80 g de beurre

Pousses de coriandre

Sel

Poivre

Risotto rouge curry-coco, champignons et langoustines

1 Dans une casserole, faites légèrement torréfier le riz à sec pendant quelques minutes. Lorsque le riz est chaud et que l'amidon est totalement rendu, mouillez avec une louche de fumet de poisson chaud. Mélangez sans cesse et ajoutez une louche de fumet toutes les 2-3 min.

2 En parallèle, faites griller les champignons pendant 6 min.

3 Décortiquez 4 langoustines et laissez la carapace des 4 autres. Faites cuire ces dernières dans une poêle en comptant 2 min par côté. Coupez-les alors en deux et remettez à cuire 45 s côté chair. Dans la même poêle, faites griller les langoustines décortiquées côté dos pendant 1 min ou 1 min 30 selon leur taille.

4 Une fois le risotto quasiment cuit, ajoutez le parmesan râpé, les champignons, la pâte de curry, le lait de coco et le beurre. Mélangez pour bien lier le tout et assaisonnez avec du sel et du poivre. Servez dans une cocotte avec les langoustines, en prévoyant 1 entière et 1 décortiquée par personne. Ajoutez quelques pousses de coriandre.

POUR
4 PERSONNES
PRÉPARATION
20 MIN
CUISSON
20 MIN

- 600 g de dorade très fraîche, levée en filet
- 8 c. à s. d'huile de sésame
- 2 citrons verts
- 2 barquettes de framboises fraîches
- 2 c. à c. de piment d'Espelette
- 2 betteraves cuites
- Huile d'olive
- 200 g de riz arborio + 1,5 fois son volume en bouillon de légumes (voir p. 6)
- Quelques pousses de betterave
- Sel
- Poivre

Dorade, framboise, riz à la betterave

1 Taillez le filet de dorade en sashimi, arrosez de 4 c. à s. d'huile de sésame et des zestes de citron vert. Écrasez grossièrement les framboises avec le piment, 4 c. à s. d'huile de sésame et le jus de citron vert.

2 Mixez les betteraves avec 4 c. à s. d'huile d'olive, du sel et du poivre. Mélangez cette purée au riz et mettez à cuire dans un rice cooker avec le bouillon de légumes. Rectifiez l'assaisonnement en fin de cuisson. Vous pouvez également faire cuire votre riz comme un risotto classique. Dans ce cas, mélangez la purée de betterave avec le bouillon.

3 Disposez dans 4 assiettes creuses le risotto rose. Ajoutez les sashimi de dorade, puis le condiment à la framboise. Parsemez de pousses de betterave.

Astuce

Vous ne trouvez pas de pousses de betterave ? Remplacez-les par de la roquette ou un mélange japonais.

POUR
6 PERSONNES
PRÉPARATION
15 MIN
CUISSON
1 H

1 bar de 2 kg (environ) écaillé et vidé
10 blancs d'œufs
1,5 kg de gros sel
2 citrons jaunes
1 bouquet de thym
1 bouquet de romarin

Bar en croûte de sel

1 Demandez à votre poissonnier d'écailler et de vider le bar.

2 Préchauffez le four à 200 °C. Dans un robot muni du fouet, montez les blancs d'œufs en neige très ferme. Mélangez-les délicatement avec le gros sel, en prenant bien soin de ne pas trop les brasser.

3 Lavez les citrons et coupez-les en rondelles. Détaillez les branches de thym et romarin. Farcissez le bar avec les herbes et les rondelles de citron.

4 Sur une plaque allant au four, déposez une couche de préparation aux blancs d'œufs. Disposez le bar dessus, puis recouvrez-le complètement et le plus hermétiquement possible avec le reste de préparation. Enfournez pour 1 h.

5 Sortez le poisson du four et cassez la croûte de sel pour le déguster.

Conseil

Vous pouvez préparer une sauce au beurre blanc pour accompagner ce bar.
Prenez 150 g de beurre et 1 citron. Faites fondre le beurre dans une casserole à feu doux, émulsionnez avec le jus de citron, puis assaisonnez avec du sel et du poivre. Dégustez le tout avec des légumes de saison.

POUR
4 PERSONNES
PRÉPARATION
30 MIN
CUISSON
30 MIN

2 belles dorades
2 c. à s. d'huile d'olive
2 fruits de la passion
2 citrons verts
2 oranges sanguines
120 g de quinoa rouge
800 g de patates douces
Sel
Poivre

Patate douce, dorade,
quinoa rouge et passion

1 Préchauffez le four à 180 °C.

2 Levez les filets des dorades. Coupez la chair en dés. Mélangez-la avec 2 c. à s. d'huile d'olive et la chair des fruits de la passion. Prélevez les zestes de citron vert et d'orange sanguine et ajoutez-les au poisson.

3 Pressez les citrons et prélevez les suprêmes des oranges. Réservez.

4 Rincez le quinoa. Portez à ébullition une casserole de 1,5 fois le volume du quinoa en eau salée, et faites cuire le quinoa 12 min. À l'issue de la cuisson, étalez-le sur une plaque allant au four et enfournez 8 min.

5 Épluchez les patates douces, coupez-les en gros dés et faites-les cuire 8 min à la vapeur. Mixez longuement la chair, ajoutez un filet d'huile d'olive, du sel et du poivre.

6 Au dernier moment, ajoutez le jus de citron au poisson, mélangez délicatement.

7 Dressez 4 assiettes : répartissez la purée de patates douces, déposez par-dessus le poisson et les quartiers d'orange sanguine, puis parsemez de quinoa rouge grillé.

POUR
4 PERSONNES
PRÉPARATION
25 MIN
CUISSON
10 MIN ENVIRON

320 g de ruote
50 g de poutargue
40 g d'huile d'olive extra vierge
Le zeste de ½ orange
Le zeste de ½ citron
1 orange
1 citron
25 g de beurre
Sel
Poivre
Pousses de votre choix

Ruote
sauce poutargue, agrumes

1 Râpez la poutargue à l'aide d'une Microplane®. Mettez l'huile, les zestes d'agrumes, du sel et du poivre dans le bol d'un blender et mixez. Ajoutez la poutargue râpée, mixez à nouveau et réservez la vierge d'agrumes obtenue.

2 Pelez l'orange et le citron, détaillez les suprêmes de chaque agrume et coupez-les en trois. Dans une grande casserole d'eau bouillante salée, faites cuire les ruote jusqu'à ce qu'elles soient al dente. Égouttez-les puis liez-les avec la vierge d'agrume, le beurre et un peu d'eau de cuisson.

3 Répartissez les ruote dans 4 assiettes, ajoutez les morceaux de suprêmes d'agrumes et quelques pousses pour la finition.

POUR
6 PERSONNES
PRÉPARATION
15 MIN
CUISSON
5 MIN

18 gambas crues (fraîches de préférence)
70 g de beurre
4 gousses d'ail
3 branches de persil
2 citrons
Huile d'olive extra vierge
Sel
Poivre

Gambas en persillade

1 Entaillez le dos des gambas afin de retirer les boyaux, mais ne les décortiquez pas.

2 Dans un bol, travaillez le beurre en l'écrasant. Pelez l'ail, effeuillez le persil et hachez-les finement. Mélangez le beurre avec le persil et l'ail jusqu'à l'obtention d'une texture pommade. Garnissez le dos des gambas avec le beurre aromatisé et réservez au réfrigérateur.

3 Faites chauffer une plancha ou, à défaut, une poêle. Lorsqu'elle est bien chaude, disposez les gambas dessus et laissez-les cuire 5 min environ. Veillez bien à ne pas trop les faire cuire, vous risqueriez d'avoir du mal à les décortiquer.

4 Assaisonnez de sel, de poivre et servez avec du citron.

Conseil

Toute la beauté des gambas réside dans leur chair, qui doit rester bien translucide et qu'il convient de ne pas faire trop cuire.
Ne jetez pas les têtes, elles vous serviront à la préparation d'une sauce pour les pâtes du lendemain.

POUR
4 PERSONNES
PRÉPARATION
15 MIN
CUISSON
20 MIN

- 4 tentacules de poulpe cuits
- 60 g de beurre
- 300 g de mélange quinoa et boulgour
- 30 cl d'eau bouillante
- 8 cl d'huile d'olive
- 1 c. à s. de harissa
- 1 petit piment
- 1 branche de coriandre fraîche
- 3 branches de persil
- Sel
- Poivre

Poulpe à l'orientale

1 Préchauffez le four à 50 °C. Faites chauffer 30 g de beurre dans une poêle et faites-y revenir les tentacules de poulpe de chaque côté pendant 5 min. Mettez-les dans un plat à gratin et réservez-les dans le four à 50 °C.

2 Faites cuire le mélange de quinoa et boulgour dans l'eau bouillante jusqu'à ce que les céréales aient tout absorbé.

3 Pendant ce temps, préparez la sauce en mélangeant l'huile d'olive et la harissa. Coupez le piment en petits morceaux, ciselez la coriandre et ajoutez-les. Salez, poivrez, puis réservez.

4 Lorsque les céréales sont cuites, liez-les avec le beurre restant, puis ajoutez le persil ciselé et mélangez. Répartissez-les dans 4 assiettes, puis disposez les tentacules de poulpe sur le dessus. Agrémentez avec la sauce et servez chaud.

Conseil

Pour cuisiner le poulpe plus facilement, placez-le un moment au congélateur avant la cuisson.

POUR
4 PERSONNES
PRÉPARATION
15 MIN
CUISSON
10 MIN

- 20 belles noix de Saint-Jacques
- 1 chou violet
- 50 g de jus de citron vert
- 50 g de vinaigre balsamique blanc
- 80 g de beurre
- Le zeste de 1 citron vert
- 4 mini-fenouils
- 1 gros fenouil
- 1 botte de ciboulette
- Huile d'olive
- Sel
- Poivre

Saint-Jacques au beurre noisette, fenouil, chou violet mariné

1 Effeuillez le chou, puis coupez-le finement en julienne. Ajoutez 30 g de jus de citron vert et le vinaigre balsamique blanc, puis mélangez. Laissez mariner le temps de préparer le reste de la recette, en prenant soin de mélanger régulièrement.

2 Lavez les noix de Saint-Jacques et séchez-les. Dans une poêle, faites fondre le beurre jusqu'à ce qu'il devienne noisette. Ajoutez les Saint-Jacques et faites-les cuire 2 min de chaque côté. Hors du feu, ajoutez le reste de jus de citron vert et le zeste. Réservez dans un plat au chaud.

3 Coupez les mini-fenouils en deux et faites-les cuire à feu vif dans la poêle de cuisson des Saint-Jacques avec du sel et du poivre pendant quelques minutes. Détaillez le gros fenouil en julienne.

4 Dans une assiette, déposez du chou violet mariné. Ajoutez 5 Saint-Jacques, les mini-fenouils rôtis et la julienne de fenouil crue. Ajoutez enfin quelques gouttes d'huile d'olive, de la fleur de sel et de la ciboulette ciselée.

POUR
4 PERSONNES
PRÉPARATION
10 MIN
CUISSON
25 MIN

- 4 dorades vidées et écaillées
- 3 oranges bio ou non traitées
- 2 citrons bio ou non traités
- 7 ou 8 branches de romarin
- Huile d'olive
- Sel
- Poivre

Dorade aux agrumes

La dorade sauvage peut se trouver à partir de février-mars, pour être dans sa pleine saison au printemps ! Si elle est royale, elle viendra probablement de la mer Méditerranée.

1 Préchauffez le four à 180 °C.

2 Rincez les agrumes et coupez-les en tranches.

3 Tapissez un plat allant au four de papier cuisson. Déposez les dorades entières dessus, puis arrosez généreusement d'huile d'olive. Ajoutez les rondelles d'agrumes et les branches de romarin. Salez et poivrez. Enfournez pour 25 min. Servez immédiatement à la sortie du four.

POUR
4 PERSONNES

PRÉPARATION
30 MIN

CUISSON
20 MIN

- 320 g de riz arborio
- Fumet de poisson (voir p. 7) ou bouillon de légumes (voir p. 6)
- 250 g de thon rouge
- 4 c. à s. de sésame noir
- 4 c. à s. d'huile d'olive
- 160 g de parmesan
- 80 g de beurre
- 1 pincée de chapelure
- Sel
- Poivre

Risotto au thon rouge

et au sésame noir

1 Dans une casserole, faites légèrement torréfier le riz à sec pendant quelques minutes. Lorsque le riz est chaud et que l'amidon est totalement rendu, mouillez avec une louche de fumet de poisson chaud. Mélangez sans cesse et ajoutez une louche de fumet toutes les 2-3 min.

2 Coupez le thon en un carpaccio très fin.

3 Mixez légèrement la moitié du sésame noir dans un blender et gardez l'autre moitié entière. Rassemblez les 2 parties et mélangez à froid avec l'huile d'olive.

4 À la fin de la cuisson du riz, ajoutez le beurre et le parmesan râpé et liez bien le risotto. Assaisonnez.

5 Dressez le risotto dans 4 assiettes, puis recouvrez-le de tranches de carpaccio de thon. Ajoutez la vierge de sésame et une pincée de chapelure.

Bouillabaisse
gambas et langoustines

POUR
6 PERSONNES
PRÉPARATION
1 H
CUISSON
2 H

Bisque

1 kg de poissons de roche de méditerranée (girelle, tête de congre ou rascasse par exemple)
5 petits crabes
2 gousses d'ail
2 oignons
2 tomates
2 feuilles de laurier
2 branches de fenouil
2 l d'eau
Huile d'olive
Sel
Poivre

Bouillon

1 bar levé en filets
500 g de coques
15 cl de vin blanc sec
3 gousses d'ail
2 oignons
1 bulbe de fenouil
5 g de safran
2 graines de badiane
Huile d'olive extra vierge
Sel
Poivre

Garniture

500 g de gambas
500 g de langoustines
1 bar levé en filets
Quelques branches de persil
Le jus de 1 citron

Bisque

1 Écrasez les crabes dans un mortier à l'aide d'un pilon. Pelez l'ail et les oignons, puis hachez-les. Faites-les revenir avec un peu d'huile d'olive dans une cocotte. Ajoutez les poissons entiers et les crabes écrasés. Coupez les tomates en morceaux, ajoutez-les ainsi que le laurier et le fenouil. Salez, poivrez et versez l'eau. Laissez cuire 1 h à feu moyen. Mixez, puis passez le tout au moulin à légumes muni de la grille fine à plusieurs reprises afin d'enlever le maximum d'arêtes. Vous obtenez une sorte de bisque.

Bouillon

2 Grattez et ébarbez les coques. Mettez-les dans une cocotte avec le vin blanc et laissez-les s'ouvrir sur feu vif. Réservez-les, récupérez le jus et filtrez-le.

3 Pelez l'ail et les oignons, émincez-les. Émincez le bulbe de fenouil. Dans une cocotte, faites chauffer un peu d'huile d'olive et mettez ces légumes à fondre doucement, sans coloration, pendant 10 min. Ajoutez le safran et la badiane, salez et poivrez. Mouillez avec le jus des coques additionné d'un verre d'eau. Portez à ébullition, puis baissez le feu et poursuivez la cuisson 5 min.

Garniture et finition

4 Faites griller les gambas et les langoustines à la poêle avec un filet d'huile d'olive à feu vif.

5 Plongez le bar dans la bisque. Faites-le cuire doucement pendant 10 min. Ajoutez les gambas, les langoustines, les coques et faites cuire 3 min supplémentaires. Ajoutez le persil haché, un trait d'huile d'olive et le jus de citron.

POUR
2 PERSONNES

PRÉPARATION
10 MIN

CUISSON
15 MIN

REPOS
30 MIN

- 2 filets de lieu noir
- 75 g de chorizo
- 50 g de chapelure fine
- 50 g de parmesan râpé
- 30 g de beurre à température ambiante
- Huile d'olive
- Sel
- Poivre

Lieu en croûte de chorizo

1 Mixez le chorizo, puis mettez-le dans un cul-de-poule. Ajoutez la chapelure et le parmesan, puis mélangez. Incorporez le beurre. Salez et poivrez. Déposez la pâte obtenue sur une feuille de papier cuisson et recouvrez d'une seconde feuille de papier cuisson. Abaissez ensuite à l'aide d'un rouleau à pâtisserie. La pâte doit garder une petite épaisseur d'environ 3 mm. Mettez-la au congélateur pendant 30 min environ.

2 Préchauffez le four à 200 °C. Dans un plat allant au four, versez un filet d'huile d'olive et déposez les filets de lieu noir côté peau. Coupez 2 grands rectangles dans la pâte au chorizo et déposez-les sur les filets de poisson. Enfournez et faites cuire pendant 15 min.

POUR
4 PERSONNES

PRÉPARATION
45 MIN

CUISSON
4 MIN

Gnocchi

300 g de pommes de terre à chair farineuse

3 jaunes d'œufs

95 g de farine

50 g de grana padano râpé

1 pincée de noix de muscade râpée

Sel

Garniture

2 tomates

5 feuilles de basilic

1 gousse d'ail

1 filet de dorade

1 mini-betterave chioggia

Grana padano

Huile d'olive

Sel

Gnocchi en « eau folle », dorade

Cette recette était réalisée par les marins lors de la pêche. L'eau folle fait référence au mouvement du bouillon au rythme du bateau tanguant sur la mer.

1 Préparez les gnocchi. Préchauffez le four à 170 °C. Emballez chaque pomme de terre dans une feuille de papier aluminium et faites-les cuire au four pendant 30 min environ, en fonction de leur taille. Retirez les pommes de terre de leur papier et pelez-les. Écrasez-les grossièrement et passez-les au moulin à purée ou au tamis. Ajoutez les jaunes d'œufs, la farine, le grana padano, du sel, de la noix de muscade râpée. Travaillez à la main sur une planche fleurée de farine, jusqu'à l'obtention d'une pâte tiède. Formez une boule et farinez-la. Formez de longs boudins. Détaillez des gnocchi de 2 cm de longueur et saupoudrez-les de farine.

2 Coupez les tomates. Mettez-les dans une casserole d'eau froide avec les feuilles de basilic et la gousse d'ail écrasée. Portez doucement à ébullition.

3 Lorsque l'ébullition commence, mettez les gnocchi à cuire 1 min dans une autre casserole d'eau bouillante salée. Égouttez-les puis faites-les griller dans une poêle avec un filet d'huile d'olive.

4 Pendant que les gnocchi grillent, mettez le poisson à cuire avec la peau dans le bouillon de tomates pendant 4 min. Égouttez-le délicatement sans le casser, retirez la peau et effeuillez-le en petits morceaux. Taillez la betterave chioggia en julienne.

5 Dressez les gnocchi dans l'assiette et ajoutez les légumes avec un peu de bouillon. Mettez également les morceaux de dorade, la julienne de chioggia et saupoudrez de grana padano râpé.

POUR
4 PERSONNES
PRÉPARATION
40 MIN
CUISSON
35 MIN
REPOS
1 NUIT

- 600 g de coques
- 2 échalotes
- 20 g de beurre
- 280 g de riz brun
- 20 cl de vin blanc
- 2 l de bouillon de coquillage ariaké
- 20 cl de crème liquide
- ½ botte de coriandre
- 4 c. à c. de graines de sésame noir
- 2 poignées de salades japonaises

Riz brun, coques, jus à la crème, sésame noir

1 La veille, faites dégorger les coques dans l'eau froide.

2 Le jour même, ciselez les échalotes. Faites fondre une noisette de beurre, faites-y suer les échalotes, puis ajoutez le riz brun et cuisez à la nacre (1 min à feu moyen), en remuant. Versez la moitié du vin blanc, mélangez avec une cuillère en bois le temps qu'il s'évapore. Ajoutez du bouillon à hauteur, remuez et renouvelez l'opération 3 à 4 fois pour obtenir un riz al dente (une vingtaine de minutes environ).

3 Jetez les coques dans un faitout bien chaud, arrosez avec le reste du vin blanc, couvrez et laissez cuire à feu vif 3 à 4 min le temps que les coques s'ouvrent. Inutile de surcuire ou de remuer. Si certaines ne s'ouvrent pas, jetez-les.

4 Dans une casserole, faites chauffer 15 cl de bouillon, ajoutez la crème et laissez réduire à feu doux 2 min. Émulsionnez à l'aide d'un mixeur plongeant.

5 Lavez et ciselez la coriandre (tiges comprises) et ajoutez-la à la crème. Laissez infuser quelques instants. Décoquillez les coques, servez-les sur le riz brun, arrosez de sauce à la crème et parsemez de graines de sésame torréfiées. Ajoutez une poignée de salades japonaises pour la présentation.

Info

Cuire à la nacre le riz dans la matière grasse permet de transformer l'amidon en dextrine : le riz acquiert alors une teinte proche de la nacre.

Chapitre

5 Viandes & volailles

POUR
8 PERSONNES
PRÉPARATION
20 MIN
CUISSON
2 H 30

- 1 dinde de 2,5 kg
- 2 oignons
- 200 g de viande de porc (épaule, collier)
- 200 g de viande de veau (épaule, collier)
- 100 g de foies de volaille
- 300 g de cèpes (surgelés)
- 500 g de marrons (sous vide, en boîte ou surgelés)
- 1 œuf
- 1 c. à s. de cognac
- ½ c. à c. de mélange quatre épices
- 2 c. à s. d'huile d'olive
- Sel
- Poivre

Dinde de Noël farcie

1 Sortez la dinde du réfrigérateur 1 h avant de préparer la recette.

2 Préchauffez le four à 180 °C. Épluchez les oignons et coupez-les grossièrement. Détaillez les viandes en gros cubes. Hachez-les avec les oignons, les cèpes et la moitié des marrons dans un hachoir ou à l'aide d'un bon couteau. Ajoutez l'œuf, le cognac, les épices, assaisonnez et mélangez.

3 Farcissez la dinde de cette préparation, puis ficelez-la et badigeonnez-la d'huile d'olive. Salez et poivrez, puis déposez la dinde dans un grand plat. Ajoutez 1 verre d'eau et enfournez.

4 Au bout de 30 min de cuisson, arrosez la dinde, puis tournez-la sur un flanc et remettez-la dans le four. Après 30 min, arrosez-la de nouveau, puis tournez-la sur l'autre flanc. Après 30 min, remettez-la à plat, arrosez-la, déposez les marrons restants dans le plat, puis couvrez de papier d'aluminium afin de permettre à la viande de conserver son moelleux. Laissez cuire 1 h supplémentaire.

5 À la fin de la cuisson, coupez la dinde et servez-la bien chaude avec la farce et les marrons.

Conseils

Pour une version encore plus gourmande, ajoutez à la farce des petits cubes de foie gras. Adaptez le temps de cuisson de la dinde à son poids : comptez 1 h environ par kilo.

POUR
6 PERSONNES

PRÉPARATION
20 MIN

CUISSON
40 MIN

6 cuisses de canard confites (en conserve)

1 kg de pommes de terre (variété à purée)

2 oignons moyens (1 rouge et 1 blanc de préférence)

3 échalotes

20 cl de crème liquide

4 c. à s. de chapelure

Sel

Poivre

Parmentier
de confit de canard

1 Épluchez les pommes de terre et coupez-les en gros morceaux. Portez un grand volume d'eau salée à ébullition et faites-y cuire les pommes de terre pendant 30 min, jusqu'à ce qu'elles soient bien tendres.

2 Pendant ce temps, réchauffez les cuisses de canard au bain-marie afin d'en extraire la graisse et réservez quelques cuillerées à soupe de cette dernière. Ôtez la peau des cuisses et récupérez-la viande en l'effilochant. Réservez.

3 Pelez les oignons et les échalotes, puis coupez-les finement. Faites-les revenir à feu moyen avec un peu de la graisse de canard réservée. Quand ils sont caramélisés, ajoutez le canard effiloché et réchauffez à feu vif quelques minutes : la viande doit être très légèrement croustillante à l'extérieur, mais rester tendre.

4 Préchauffez le four à 200 °C. Quand les pommes de terre sont cuites, égouttez-les, puis réduisez-les en purée à l'aide d'une fourchette ou d'un presse-purée. Ajoutez la crème, salez et poivrez. Mélangez bien.

5 Disposez le canard effiloché au fond d'un grand plat à gratin. Recouvrez avec la purée, puis saupoudrez de chapelure et faites cuire 10 min sur position gril afin de faire dorer la chapelure.

Astuce

Pour la purée, évitez d'utiliser un mixeur, il donnerait un aspect trop lisse et une texture élastique.

POUR
6 PERSONNES
PRÉPARATION
15 MIN
CUISSON
45 MIN

1 poulet de Bresse
100 g de champignons de Paris
50 g de beurre
25 cl de vin jaune
50 cl de crème fraîche
Sel
Poivre

Poulet de Bresse au vin jaune

Connaissez-vous la « reine des volailles, la volaille des rois » ? Baptisée ainsi par Brillat-Savarin (1755-1826), la volaille de Bresse est la seule volaille à avoir obtenu une AOP. Elle possède une chair extrêmement onctueuse, grâce à une alimentation riche et équilibrée.

1 Découpez le poulet de Bresse en quatre : coupez-le d'abord en deux en son centre, puis coupez chaque moitié à nouveau en deux. Salez et poivrez toutes les faces.

2 Lavez les champignons, émincez-les, puis réservez.

3 Faites fondre le beurre dans une sauteuse et faites saisir les morceaux de poulet de Bresse à feu vif. Une fois qu'ils sont bien colorés, dégraissez, puis ajoutez les champignons émincés et le vin jaune. Laissez cuire à couvert pendant 10 min. Ajoutez alors la crème fraîche et laissez mijoter environ 30 min, sans couvrir cette fois.

4 Servez bien chaud avec un écrasé de pomme de terre maison ou des pommes duchesse par exemple.

POUR
4 PERSONNES
PRÉPARATION
20 MIN
CUISSON
40 MIN

Magrets

2 magrets de canard
8 figues fraîches
1 c. à c. de miel
1 branche de thym citron
1 c. à c. de cumin en poudre
5 cl de porto rouge

Purée de potimarron

1 kg de potimarron
40 g de beurre
30 cl de lait
1 pincée de noix de muscade râpée
Sel
Poivre

Magret de canard aux figues fraîches, purée de potimarron

Magrets

1 Salez les magrets de canard et posez-les côté peau dans une poêle froide. Faites chauffer la poêle sur le feu le plus faible pour faire fondre la graisse le plus doucement possible pendant 30 min environ. Évacuez la graisse au fur et à mesure.

Purée de potimarron

2 Pelez le potimarron et coupez sa chair en cubes. Dans une cocotte, faites-les revenir dans le beurre à feu doux. Ajoutez le lait et la noix de muscade râpée, puis salez et poivrez selon votre goût. Laissez cuire à couvert pendant 20 min environ, jusqu'à ce que le potimarron soit tendre.

3 Mixez à l'aide d'un mixeur plongeant afin d'obtenir une purée et réservez-la au chaud.

Finition

4 Augmentez le feu sous les magrets pour en colorer la peau et retirez toute la graisse de la poêle. Retournez les magrets, faites-les colorer côté chair à feu vif pendant 2 min, puis retirez-les de la poêle et laissez-les reposer sur une grille.

5 Coupez les figues en deux ou en quatre et faites-les sauter dans une poêle à feu vif avec le miel, le thym et le cumin. Déglacez avec le porto, puis laissez-le réduire pour glacer les figues.

6 Servez les magrets avec la purée de potimarron et arrosez avec la sauce aux figues.

POUR
4 PERSONNES
PRÉPARATION
5 MIN
CUISSON
20 MIN

4 pavés d'autruche
10 feuilles de sauge
4 branches de thym
2 feuilles de laurier
2 c. à s. de baies rouges
200 g de beurre
1 généreux filet d'huile d'olive
Sel
Poivre

Autruche aux herbes et aux baies rouges

La viande d'autruche a beaucoup de points communs avec celle du bœuf, notamment son aspect et sa cuisson, mais c'est une viande plus « saine ». Elle est beaucoup moins grasse et moins riche en cholestérol, tout en étant plus riche en protéines.

1 Rincez légèrement la sauge, le thym et le laurier sous l'eau froide si vous utilisez des herbes fraîches. Concassez les baies rouges à l'aide d'un pilon et d'un mortier ou bien d'un moulin à épices.

2 Dans une casserole, faites fondre le beurre à feu doux. Ajoutez les herbes et les baies rouges et laissez infuser pendant 10 min environ, toujours à feu doux.

3 Dans une grande poêle, faites cuire les pavés d'autruche avec un généreux filet d'huile d'olive, en comptant 5 min par face.

4 Servez les pavés avec la sauce, accompagnés d'une poêlée de légumes de votre choix.

POUR
4 PERSONNES
PRÉPARATION
20 MIN
CUISSON
1 H

- 4 cuisses de poulet
- 1 gros oignon
- 2 carottes nouvelles
- 5 cl d'huile d'olive
- 4 gousses d'ail
- 1 branche de romarin
- 1 branche de thym
- 1 verre de vin blanc moelleux
- 10 cl de bouillon de volaille (voir p. 6)
- 600 g d'asperges blanches
- 150 g de morilles (fraîches ou surgelées)
- 1 c. à s. de persil plat
- Sel
- Piment d'Espelette (facultatif)

Cocotte de volaille aux asperges et aux morilles

1 Découpez les cuisses de poulet en deux et salez-les. Pelez l'oignon et émincez-le. Lavez les carottes, pelez-les et coupez-les en rondelles d'environ 1 cm d'épaisseur.

2 Faites colorer les morceaux de poulet dans une cocotte en fonte avec l'huile d'olive pendant 10 min environ.

3 Ajoutez les oignons et les carottes, ainsi que les gousses d'ail en chemise, le romarin et le thym. Déglacez avec le vin blanc, puis versez le bouillon. Mettez le couvercle de la cocotte et laissez cuire 30 min à feu doux.

4 Pendant ce temps, épluchez les asperges et coupez-les en morceaux de 5 cm de long. À l'issue des 30 min de cuisson, mettez-les dans la cocotte, ajoutez également les morilles et assaisonnez à votre convenance avec du sel et du piment d'Espelette si vous le souhaitez. Laissez cuire à couvert 15 min supplémentaires.

5 Hachez le persil, puis déposez-le sur le plat au moment de le servir.

POUR
6 PERSONNES
PRÉPARATION
15 MIN
CUISSON
1 H 15

- 1 rôti de pintade farci
- 200 g de champignons de Paris
- 2 oignons
- 1 gousse d'ail
- Une dizaine de feuilles de persil
- 1 botte de carottes
- 30 g de beurre
- 1 bouquet garni
- 1 verre de pineau des Charentes
- 100 g de petits pois frais écossés
- Sel
- Poivre

Rôti de pintade aux légumes

La pintade, contrairement à ce que l'on pourrait penser, fait partie de la famille des gibiers. Sa viande est très tendre, ce qui en fait un mets raffiné et recherché.

1 Lavez soigneusement les champignons de Paris, égouttez-les, puis émincez-les. Pelez les oignons et l'ail, émincez-les. Effeuillez le persil et lavez-le. Pelez les carottes et coupez-les en morceaux. Réservez le tout séparément.

2 Dans une cocotte, faites fondre le beurre jusqu'à ce qu'il devienne noisette. Faites-y revenir le rôti sur toutes les faces. Ajoutez la garniture aromatique, c'est-à-dire les oignons, l'ail, le persil et le bouquet garni. Déglacez avec le pineau des Charentes.

3 Mettez la cocotte avec son couvercle au four, sans préchauffage, et laissez cuire 40 min à 180 °C.

4 Au bout de ce temps-là, ajoutez les carottes et les petits pois dans la cocotte et poursuivez la cuisson à 180 °C pendant 35 min, en arrosant le rôti régulièrement.

5 À l'issue de la cuisson, déposez le rôti sur une grande planche et coupez-le en tranches. Servez avec les légumes.

Conseil

Une farce forestière fonctionne particulièrement bien dans cette recette.

POUR
6 PERSONNES
PRÉPARATION
30 MIN
CUISSON
1 H

- 600 g de semoule gros grain
- 500 g de viande d'agneau
- 6 cuisses de poulet
- 6 merguez
- 4 carottes
- 3 navets
- 1 oignon
- 2 courgettes
- 1 branche de céleri
- 250 g de pois chiches en conserve
- 1 filet d'huile d'olive
- 1 cube de bouillon de volaille (sans sel) ou de légumes
- 1 conserve de tomates pelées
- 50 g de concentré de tomates
- 3 c. à s. de ras el-hanout
- 1 c. à s. de cumin
- 1 c. à s. de paprika
- 1 bouquet de persil plat
- 1 c. à s. de sel
- 1 c. à s. de poivre (ou de harissa)

Couscous royal

merguez, poulet et agneau

1 Pelez les carottes, les navets et l'oignon. Émincez l'oignon. Coupez les carottes et les courgettes en rondelles épaisses. Coupez les navets en quartiers et le céleri en tronçons. Égouttez les pois chiches. Réservez tous les légumes séparément.

2 Faites chauffer l'huile d'olive dans la partie faitout du couscoussier. Coupez l'agneau en morceaux, puis faites-les colorer quelques minutes à feu vif ainsi que les cuisses de poulet, de chaque côté. Ajoutez les oignons, laissez cuire 2 min, puis ajoutez les carottes et les navets.

3 Diluez le cube de bouillon dans un verre d'eau tiède. Dans le faitout, ajoutez les tomates pelées, le concentré de tomates et les épices. Versez le bouillon et allongez avec de l'eau de façon à couvrir la viande et les légumes. Déposez le couvercle et laissez cuire 15 min, jusqu'à frémissements.

4 Une fois que de la vapeur se dégage, mettez la semoule dans la partie supérieure du couscoussier, au-dessus de la vapeur, couvrez et poursuivez la cuisson 20 min. Retirez la semoule, placez-la dans un grand plat et travaillez-la à la main.

5 Dans le faitout, ajoutez les pois chiches et le persil ciselé. Replacez la semoule dans la partie supérieure du couscoussier, couvrez et laissez cuire à nouveau 20 min. Retirez la semoule et placez-la dans un grand plat. Ajoutez le sel et travaillez la semoule à la main. Réservez-la au chaud.

6 Faites cuire les merguez dans une poêle. Réservez au chaud.

7 Répartissez la semoule dans 6 assiettes creuses, puis ajoutez les morceaux de viande et les légumes. Nappez généreusement de sauce et dégustez bien chaud, avec un peu de poivre ou de harissa.

POUR
4 PERSONNES
PRÉPARATION
50 MIN
CUISSON
10 MIN
REPOS
15 À 20 MIN

Pâte fraîche
400 g de farine (00 ou T45)
4 œufs
Huile d'olive extra vierge
Sel fin

100 g de gorgonzola
80 g de crème
250 g de ricotta
25 g de beurre
150 g de bacon
Petites pousses de votre choix
Huile d'olive extra vierge
Sel,
Poivre

Ravioli ricotta,
gorgonzola et bacon

1 Préparez la pâte fraîche comme indiqué p. 6 et laissez-la reposer 15 à 20 min.

2 Mettez le gorgonzola avec la crème et une petite louche d'eau dans une casserole et faites chauffer tout doucement. Dans le même temps, fouettez la ricotta, salez et poivrez-la.

3 Étalez la pâte à 1,5 mm d'épaisseur à l'aide d'un rouleau à pâtisserie. Déposez des points de farce à la ricotta régulièrement espacés sur la moitié de la pâte et rabattez la seconde moitié par-dessus. Détaillez les ravioli autour des points de farce à l'aide d'un emporte-pièce ovale, dentelé ou lisse, d'environ 8 cm de diamètre.

4 Mettez-les à cuire 1 min 30 dans une grande casserole d'eau bouillante salée. À la fin de la cuisson, égouttez les ravioli en conservant un peu d'eau, puis mettez-les dans la sauce au gorgonzola. Ajoutez le beurre et l'eau de cuisson prélevée, enrobez-les bien et réservez au chaud.

5 Coupez le bacon très finement. Dans une sauteuse, faites-le rôtir avec un filet d'huile d'olive jusqu'à ce qu'il soit croustillant.

6 Dressez les ravioli dans 4 assiettes, ajoutez la sauce au gorgonzola restante. Brisez le bacon en morceaux et disposez-les dessus, puis ajoutez quelques petites pousses pour décorer.

POUR
4 PERSONNES

PRÉPARATION
15 MIN

CUISSON
35 MIN

4 tranches d'osso buco avec la moelle (de 130 g chacune environ)

1 aubergine

1 poivron

2 pommes de terre charlottes

50 g de farine

400 g de sauce tomate

2 mini-fenouils (ou 1 grand)

Cerfeuil, ciboulette, coriandre ou herbes de Provence

Huile d'olive extra vierge

Sel

Poivre

Osso buco

1 Préchauffez le four à 170 °C. Lavez l'aubergine, le poivron et les pommes de terre. Coupez-les en rondelles.

2 Panez les tranches d'osso buco dans la farine. Mettez-les dans une poêle avec un filet d'huile d'olive et laissez-les colorer 3 min de chaque côté. Transférez-les dans une cocotte.

3 Dans la poêle ayant servi à la cuisson de la viande, déposez les légumes et faites-les sauter avec du sel et du poivre. Dès qu'ils commencent à se colorer, ajoutez-les dans la cocotte contenant la viande.

4 Versez la sauce tomate et mettez le couvercle. Enfournez pour 20 à 30 min. Au bout de 15 min de cuisson, ouvrez la cocotte et vérifiez s'il reste assez de liquide. Au besoin, ajoutez 1 verre d'eau.

5 Émincez finement le fenouil et déposez-en délicatement sur l'osso buco. Servez saupoudré d'herbes hachées.

POUR
4 PERSONNES
PRÉPARATION
20 MIN
CUISSON
2 H 45

Joues de bœuf braisées

2 joues de bœuf (ou 5 joues de veau) dégraissées
1 oignon blanc
1 carotte
1 branche de céleri
150 g de vin rouge
10 g de poivre
1 étoile d'anis
30 g de beurre
Huile d'olive extra vierge
Sel
Poivre

Polenta crémeuse

150 g de polenta
300 g d'eau
300 g de lait
50 g de crème liquide (30 % de MG)
100 g de grana padano râpé
Sel
Poivre

Finition

10 g de cacao amer
Oignon confit (voir p. 7)

Joues de bœuf braisées, polenta crémeuse, cacao amer

Astuces

Si nécessaire, ajoutez un peu d'eau en cours de cuisson de la viande. Piquez-la avec la pointe d'un couteau pour savoir si elle est cuite : elle doit être tendre à cœur.

Joues de bœuf braisées

1 Saisissez les joues de bœuf des 2 côtés dans une poêle avec de l'huile d'olive jusqu'à ce qu'elles soient bien colorées. Réservez hors du feu.

2 Pelez l'oignon, lavez et pelez la carotte et la branche de céleri, puis coupez-les grossièrement. Faites-les revenir quelques minutes dans une cocotte avec de l'huile d'olive. Ajoutez les joues de bœuf, puis le vin rouge et laissez-le s'évaporer. Couvrez d'eau froide et faites chauffer en écumant jusqu'à ce qu'il n'y ait plus d'impuretés, puis ajoutez le poivre et l'anis. Laissez frémir 2 h 30 à découvert.

3 Retirez la viande de la cocotte, égouttez-la et laissez-la refroidir. Faites bouillir le bouillon et laissez-le réduire de moitié, puis mixez-le avec les légumes à l'aide d'un mixeur plongeant. Rectifiez l'assaisonnement, ajoutez le beurre, un trait d'huile d'olive et mélangez.

Polenta crémeuse

4 Faites bouillir l'eau et le lait dans une casserole. Hors du feu, ajoutez la polenta et mélangez doucement. Remettez sur feu doux et laissez cuire 5 min en mélangeant. Salez, poivrez, puis ajoutez la crème liquide et le grana padano râpé. Faites cuire 2 min supplémentaires en mélangeant.

5 Coupez les joues de bœuf en deux ou en trois. Plongez-les dans la sauce et réchauffez l'ensemble.

6 Répartissez la polenta dans 4 assiettes creuses, déposez au centre un morceau de joue de bœuf et nappez de sauce. Saupoudrez de cacao amer et ajoutez de l'oignon confit.

POUR

6 À 8 PERSONNES

PRÉPARATION

1 H

CUISSON

3 H

REPOS

20 MIN

1 porcelet de lait complètement désossé (avec la tête) et bien nettoyé (il ne doit plus rester de poils)

500 g de pain de campagne rassis

1 l de lait

1 kg de pancetta

Le cœur et le foie du porcelet (demandez bien au boucher de vous les donner)

½ céleri branche

1 tête d'ail

1 échalote

2 kg de roquette

½ verre de grappa

1 botte d'origan frais

1 botte de romarin

Huile d'olive

Sel

Poivre

Porchetta

Attention, cette recette est à faire cuire en extérieur, sur une broche.

1 Faites tremper le pain de campagne dans le lait pendant 20 min environ.

2 Hachez la pancetta au hachoir, puis mélangez-la au pain de campagne égoutté. Hachez également le cœur et le foie du porcelet, puis incorporez-les.

3 Lavez le céleri branche, pelez l'ail et l'échalote, puis passez-les au hachoir. Ajoutez le tout à la farce, ainsi que la roquette, et mélangez. Vous devez obtenir une farce assez fine. Assaisonnez avec de l'huile d'olive, du sel et du poivre. Ajoutez la grappa, l'origan et le romarin effeuillés.

4 Étalez le porcelet côté peau sur une grande planche. Déposez la farce au milieu du porcelet, puis roulez ce dernier et ficelez-le avec de la ficelle de cuisine. Embrochez la porchetta ainsi constituée et faites-la rôtir à la broche pendant 3 h à feu doux, en extérieur.

5 Récupérez le jus de cuisson pour en badigeonner la porchetta toutes les 15 min afin de la rendre bien croustillante et juteuse.

POUR
4 PERSONNES
PRÉPARATION
40 MIN
CUISSON
10 MIN
REPOS
5 H + 15 À 20 MIN

Farce
1 gousse d'ail
200 g de mie de pain
1 pincée de sel
70 g d'huile d'olive extravierge
70 g de chair à saucisse

Pâte fraîche
400 g de farine (00 ou T45)
4 œufs
Huile d'olive extra vierge
Sel fin

Finition
Grana padano râpé
Pousses d'oxalis rouge

Cannelloni, agliata et saucisse

Farce

1 Pelez l'ail et mettez-le dans un mortier avec la mie de pain et le sel. Pressez à l'aide du pilon et mélangez tout en ajoutant l'huile d'olive en filet. Réservez.

2 Effritez la chair à saucisse à la main, puis snackez-la dans une casserole. Mélangez la chair à saucisse cuite avec l'agliata (le mélange à la mie de pain) et laissez reposer 5 h au réfrigérateur.

Cannelloni

3 Préparez la pâte fraîche comme indiqué p. 6 et laissez-la reposer 15 à 20 min.

4 Préchauffez le four à 180 °C. Abaissez la pâte à 1,5 mm d'épaisseur à l'aide d'un laminoir ou d'un rouleau à pâtisserie et détaillez-la en 8 rectangles de 7 x 10 cm.

5 Faites cuire les rectangles de pâte dans une grande casserole d'eau bouillante salée pendant 1 min, puis plongez-les dans de l'eau glacée pour les faire refroidir. Égouttez-les sur un torchon.

6 Disposez les rectangles de pâte bien à plat, puis déposez de la farce agliata-saucisse sur toute leur longueur. Roulez-les pour former les cannelloni et déposez-les dans un plat allant au four assez grand. Ajoutez un peu de grana padano râpé et enfournez pour 5 min.

7 Dressez 2 cannelloni par assiette, agrémentez de pousses d'oxalis rouge et servez.

POUR
4 PERSONNES
PRÉPARATION
20 MIN
CUISSON
1 H 15

800 g d'agneau
200 g de dattes medjoul
2 oignons
2 c. à s. d'huile d'olive
1 c. à s. de ras el-hanout
½ c. à c. de cannelle moulue
1 verre d'eau
2 c. à s. de miel
½ c. à c. de noix de muscade moulue
½ c. à c. de safran
1 c. à s. de graines de sésame
Sel
Poivre

Tajine d'agneau
aux dattes

1 Épluchez et émincez l'oignon. Coupez l'agneau en morceaux.

2 Faites chauffer l'huile d'olive dans une cocotte et saisissez la viande sur toutes les faces pendant quelques minutes. Ajoutez le ras el-hanout et la cannelle, salez et poivrez. Ajoutez le verre d'eau et laissez cuire à feu moyen pendant 10 min.

3 Baissez le feu, couvrez et prolongez la cuisson pendant 50 min, en surveillant et en ajoutant un peu d'eau en cours de cuisson si nécessaire.

4 Ajoutez le miel, les dattes, la muscade et le safran et faites cuire 15 min supplémentaires.

5 Servez bien chaud, parsemez de graines de sésame et accompagnez de légumes.

POUR
6 PERSONNES
PRÉPARATION
1 H
CUISSON
3 H 30
REPOS
3 H

Méchoui
d'agneau

Agneau

1 grosse cuisse d'agneau d'environ 2,5 kg

20 cl d'huile d'olive

1 c. à s. de paprika

1 c. à s. de cumin

Légumes

2 kg de pommes de terre grenaille

2 l d'eau

10 g de sel

1 oignon blanc

1 oignon rouge

2 .échalotes

1 tête d'ail

1 citron jaune

1 botte de romarin

Sel

Poivre

Agneau

1 Faites mariner la viande dans l'huile d'olive avec le paprika et le cumin pendant au moins 3 h.

2 Préchauffez le four à 180 °C. Enfournez la viande pendant 2 h 30.

Légumes

3 Portez l'eau et le sel à ébullition. Faites-y cuire les pommes de terre grenaille pendant 15 min environ, jusqu'à ce que le couteau s'enfonce bien dans la chair. Égouttez-les et réservez-les.

4 Pelez les oignons et les échalotes, coupez-les en quartiers. Coupez la tête d'ail en deux. Coupez le citron en rondelles.

5 Une fois la première partie de la cuisson de la viande terminée, disposez les pommes de terre, les oignons, les échalotes, l'ail, les rondelles de citron et la botte de romarin dans le plat, puis enfournez de nouveau pour 45 min, toujours à 180 °C. Dégustez bien chaud.

Chapitre

6

Goûters festifs

POUR
1 BRIOCHE
PRÉPARATION
25 MIN
CUISSON
15 À 20 MIN
REPOS
2 H 45

- 450 g de farine T55
- 20 g de levure de boulanger fraîche
- 50 g de sucre
- 5 g de sel
- 2 œufs
- 17 cl de lait tiède
- 90 g de beurre mou
- De la confiture de fruits rouges
- Sucre glace

Brioche flocon de neige

1 Dans le bol d'un robot pâtissier muni du crochet pétrisseur, versez la farine, la levure émiettée, le sucre, le sel, les œufs et le lait tiède. Mélangez à vitesse moyenne pendant 5 min, puis ajoutez le beurre mou coupé en morceaux et pétrissez à nouveau pendant 5 min. Mettez la boule obtenue dans un bol, couvrez d'un torchon et laissez gonfler pendant 1 h dans un endroit tiède.

2 Dégazez la pâte en l'aplatissant à la main, puis réservez-la au réfrigérateur pendant au moins 1 h.

3 Séparez la pâte en 3 parts égales. Étalez un premier pâton, puis détaillez un grand disque en vous aidant d'une assiette retournée. Procédez de même pour les autres pâtons afin d'obtenir 3 disques identiques.

4 Déposez le premier disque sur une plaque recouverte de papier cuisson. Étalez de la confiture dessus, recouvrez d'un second disque, puis étalez de nouveau de la confiture. Recouvrez du dernier disque de pâte.

5 Posez au centre un petit verre retourné, puis coupez la pâte en 16 parts égales à partir du contour du verre, vers l'extérieur des disques. Coupez d'abord en quatre, puis chaque partie en deux, puis encore en deux. Saisissez 2 brins de pâte côte à côte et enroulez-les 2 fois vers l'extérieur, puis assemblez leurs extrémités. Recommencez avec la totalité des brins. Couvrez d'un torchon et laissez gonfler 30 à 45 min dans un endroit tiède.

6 Préchauffez le four à 180 °C. Enfournez pour 15 à 20 min. Laissez refroidir sur une grille, saupoudrez de sucre glace et dégustez.

POUR
20 MAAMOULS
PRÉPARATION
30 MIN
CUISSON
20 MIN
REPOS
1 H

Pâte à biscuits

- 300 g de farine
- 200 g de semoule de blé dur
- 200 g de sucre glace
- 200 g de beurre mou
- 6 g de levure chimique
- 5 cl de lait
- 3 cl d'eau de fleur d'oranger
- 3 cl d'eau de rose

Farce

- 200 g de noix ou 200 g de pistaches ou 300 g de dattes dénoyautées
- 5 cl d'eau de rose
- 150 g de sucre (sauf pour les dattes)

Maamouls

Pâte à biscuits

1 Dans un grand saladier, mélangez la farine, la semoule, le sucre glace, le beurre mou et la levure. Ajoutez le lait, l'eau de fleur d'oranger et l'eau de rose, et travaillez la pâte jusqu'à l'obtention d'une boule homogène qui ne colle pas. Filmez la pâte et laissez-la reposer pendant 1 h à température ambiante.

Farce

2 Pendant ce temps, mixez les fruits secs de votre choix avec l'eau de rose et le sucre. Attention, si vous optez pour les dattes, n'ajoutez pas de sucre car la datte est naturellement sucrée.

3 Préchauffez le four à 180 °C. Façonnez des boules de pâte d'environ 15 g. Dans chacune, introduisez 5 g de farce. Refermez bien la pâte pour que la farce soit complètement enveloppée.

4 Placez chaque boule dans une cuillère spéciale maamoul en tassant bien la pâte pour qu'elle prenne la forme souhaitée. Donnez un coup sec pour démouler.

5 Posez les maamoul ainsi formés sur une plaque recouverte de papier cuisson, enfournez et faites cuire pendant 15 à 20 min. Les gâteaux doivent rester bien blancs. Après la cuisson, saupoudrez de sucre glace.

POUR
6 PERSONNES
PRÉPARATION
40 MIN
CUISSON
50 MIN

Quatre-quarts

200 g de cassonade
4 œufs extra-frais
2 pincées de sel
200 g de beurre doux + 20 g pour le moule
200 g de farine
½ sachet de levure chimique

Coulis de fruits rouges

150 g d'un mélange de fruits rouges
50 g de cassonade
Le jus de ½ citron jaune

Sauce chocolat

100 g de chocolat noir
10 cl de crème fraîche liquide
5 cl d'eau
1 sachet de sucre vanillé

Planche

Quelques biscuits type galettes bretonnes
800 g de fruits rouges (framboises, mûres, fraises, myrtilles, cerises, etc.)
Des bonbons de votre choix

Birthday planche

Quatre-quarts

1 Préchauffez le four à 180 °C. Dans un grand saladier, fouettez la cassonade avec les œufs et le sel. Ajoutez le beurre fondu, puis la farine tamisée et la levure et continuez à fouetter.

2 Beurrez un moule à cake, puis versez l'appareil dedans et enfournez pour 40 min. Votre gâteau doit gonfler et être bien doré. Il est cuit lorsque la pointe d'un couteau ressort humide mais propre. Démoulez et laissez refroidir.

Coulis de fruits rouges

3 Mettez les fruits rouges avec la cassonade et le jus de citron dans une casserole, puis faites cuire à feu doux pendant 10 min. Passez à travers un tamis en écrasant les fruits avec le dos d'une cuillère. Versez dans un joli bol et laissez refroidir.

Conseil

Vous avez du temps ? Tant mieux, vous allez pouvoir faire des merveilles : des brochettes de fruits et de bonbons en alternant formes et couleurs, des tartelettes express. Pour cela, disposez une fine couche de crème épaisse sur les biscuits et couvrez avec les fruits rouges.

Sauce chocolat

4 Dans une autre casserole, portez la crème à ébullition avec l'eau chaude et le sucre vanillé. Coupez le feu et ajoutez le chocolat noir concassé. Laissez reposer 2 min, puis fouettez pour homogénéiser. Versez dans un bol et laissez refroidir.

Planche

5 Sur une grande planche, déposez harmonieusement le cake coupé en tranches et ajoutez les bols contenant les sauces. Ajoutez les fruits rouges, les biscuits et les bonbons. Et bien sûr, n'oubliez pas les bougies !

POUR
10 À 12 PERSONNES

PRÉPARATION
30 MIN

CUISSON
40 MIN

Carrot cake

- 320 g de farine
- 200 g de sucre blanc
- 200 g de sucre brun (idéalement non raffiné, type vergeoise)
- 1,5 c. à c. de bicarbonate de soude alimentaire
- 1 c. à c. de levure chimique
- 2 c. à c. de cannelle moulue
- ½ c. à c. de noix de muscade râpée
- 115 g de beurre
- 20 cl d'huile de tournesol
- 4 gros œufs
- 350 g de carottes fraîchement râpées
- 120 g de noix de pécan concassées + 2 poignées pour la décoration

Glaçage

- 100 g de beurre à température ambiante
- 200 g de fromage frais de type Philadelphia®
- 500 g de sucre glace
- 1 gousse de vanille

Carrot cake

Carrot cake

1 Préchauffez le four à 180 °C. Tapissez 2 moules ronds de même taille (de 20 à 25 cm de diamètre) de papier cuisson et graissez les bords avec un peu de beurre.

2 Dans un saladier, mélangez la farine avec les sucres, le bicarbonate, la levure, la cannelle et la muscade. Faites fondre le beurre, ajoutez-y l'huile, puis versez le tout sur les ingrédients secs et mélangez bien. Ajoutez les œufs un à un, en mélangeant bien entre chaque ajout. Ajoutez les carottes râpées et les noix de pécan. Mélangez.

3 Répartissez la pâte de façon égale entre les 2 moules et enfournez-les en même temps pendant 40 min. Sortez les gâteaux du four et laissez-les refroidir à température ambiante.

Glaçage

4 À l'aide d'un batteur électrique, mélangez le beurre, puis ajoutez le fromage frais jusqu'à l'obtention d'une consistance épaisse et bien lisse. Ajoutez le sucre progressivement tout en continuant de fouetter à faible puissance. Le rendu doit être homogène et sans grumeaux. Enfin, ajoutez les grains de la gousse de vanille fendue et grattée et mélangez doucement une dernière fois.

5 Étalez le glaçage sur le dessus de l'un des gâteaux. Déposez le second gâteau par-dessus, et surmontez ce dernier d'une nouvelle couche généreuse de glaçage. Décorez le tout des quelques noix de pécan restantes.

POUR
6 PERSONNES
PRÉPARATION
10 MIN
CUISSON
10 MIN

100 g de beurre
100 g de sucre cassonade
1 jaune d'œuf
1 c. à s. de lait entier
200 g de farine
1 pincée de sel
1 c. à c. de cannelle moulue
1 c. à c. de mélange quatre-épices

Biscuits aux épices

1 Dans le bol d'un robot pâtissier muni de la feuille, travaillez le beurre et le sucre cassonade jusqu'à l'obtention d'une consistance pommade. Ajoutez le jaune d'œuf et le lait, puis la farine, la pincée de sel et la cannelle. Mélangez sans trop travailler la pâte.

2 Étalez-la au rouleau à pâtisserie entre 2 feuilles de papier cuisson sur une épaisseur de 6 mm. Laissez la pâte refroidir et durcir.

3 Préchauffez le four à 170 °C. Détaillez des biscuits dans la pâte à l'aide d'emporte-pièces aux formes de votre choix. Déposez-les sur une plaque recouverte de papier cuisson et enfournez pour 10 min de cuisson environ.

Astuce

Vous pouvez aussi préparer la pâte sans robot ; il suffit de travailler le beurre avec une maryse et de mélanger vos ingrédients à l'aide d'une cuillère en bois.

POUR
6 À 8 PERSONNES

PRÉPARATION
20 MIN

CUISSON
45 MIN

REPOS
2 H 45

20 cl de lait entier

440 g de farine T45

10 g de levure de boulanger fraîche

1 œuf moyen

80 g de sucre semoule

100 g de beurre mou

½ c. à c. de cannelle moulue

½ c. à c. de vanille en poudre

50 g d'amandes

50 g de noisettes

50 g de raisins secs

100 g d'écorces d'orange et de citron confites

2 c. à s. de rhum

250 g de pâte d'amande

30 g de beurre fondu

50 g de sucre glace

Stollen de Noël

1 Dans le bol d'un robot pâtissier muni du fouet, mélangez 5 cl de lait, 60 g de farine et la levure fraîche émiettée à forte vitesse pendant 2 min. Recouvrez du reste de farine et laissez lever pendant 45 min dans un endroit tiède.

2 Ajoutez l'œuf, le sucre, le reste de lait, le beurre, la cannelle et la vanille et pétrissez à l'aide du crochet pétrisseur à vitesse moyenne. Couvrez d'un linge et laissez lever 1 h à température ambiante.

3 Pendant ce temps, hachez grossièrement les fruits secs et les fruits confits, puis faites-les macérer dans le rhum. À la fin du temps de repos de la pâte, incorporez les fruits secs et les fruits confits.

4 Farinez la pâte et étalez-la en un rectangle. Roulez la pâte d'amande en un boudin aussi long que le petit côté du rectangle, puis déposez-le sur le tiers gauche de la pâte. Pliez la pâte en deux et formez un retour sur le dessus. Couvrez d'un linge et laissez lever 1 h supplémentaire.

5 Préchauffez le four à 170 °C. Déposez la brioche sur une plaque recouverte de papier cuisson et enfournez pendant 45 à 50 min.

6 À la sortie du four, badigeonnez la brioche de beurre fondu et saupoudrez-la de sucre glace.

Astuce

Ajoutez des noix et des cerises confites à la garniture. Vous pouvez également ajouter un peu d'eau de fleur d'oranger à la pâte.

POUR
8 PERSONNES (20 À 24 PIÈCES)

PRÉPARATION
45 MIN

CUISSON
30 MIN

REPOS
1 NUIT

250 g de pistaches
150 g de cerneaux de noix
150 g d'amandes émondées
100 g de sucre
1 c. à s. de cannelle moulue
4 c. à s. d'eau de fleur d'oranger
150 g de beurre
1 paquet de 20 feuilles de pâte filo
200 g de miel

Baklawas

1 La veille, faites torréfier les pistaches, les noix et les amandes quelques minutes dans une poêle à sec. Récupérez un peu de pistaches, mixez-les finement et réservez.

2 Mixez grossièrement le reste des fruits secs torréfiées sans les réduire en poudre, pour qu'ils soient juste réduits en morceaux. Mélangez-les avec le sucre, la cannelle, 2 c. à s. d'eau de fleur d'oranger et 100 g de beurre fondu jusqu'à l'obtention d'une pâte compacte. Réservez.

3 Préchauffez le four à 180 °C. Badigeonnez un grand moule rectangulaire de beurre. Découpez les feuilles de pâte filo à la taille du moule et réservez-les sous un linge humide, la pâte filo séchant très vite.

4 Empilez 10 feuilles de filo dans le fond du moule, en veillant à badigeonner chaque feuille de beurre fondu avant d'ajouter la suivante. Versez la farce aux fruits secs, étalez-la bien et tassez. Couvrez avec les 10 autres feuilles de filo, en les badigeonnant chacune de beurre fondu.

5 Découpez le tout de façon à former des carrés ou des losanges et badigeonnez à nouveau de beurre fondu. Enfournez et faites cuire 30 min environ, jusqu'à ce que la surface soit dorée.

6 Pendant ce temps, faites tiédir le miel dans une casserole avec 2 c. à s. d'eau de fleur d'oranger. Sortez les baklavas du four, versez le miel dessus et saupoudrez les pistaches concassées préalablement réservées. Laissez reposer à température ambiante 1 nuit.

7 Le jour même, redécoupez les baklavas et dégustez-les avec un thé à la menthe.

POUR
40 À 45 PETITS FOURS
PRÉPARATION
15 MIN
CUISSON
5 À 7 MIN
REPOS
12 H

415 g de pâte d'amande crue à 70 %
10 g de miel toutes fleurs, crémeux
60 g de blancs d'œufs
100 g d'écorces d'oranges confites
100 g d'écorces de citrons confites
40 à 45 pignons de pin
20 à 25 pistaches

Petits fours pochés aux amandes

1 La veille, détaillez la pâte d'amande en petits cubes et mettez-les dans le bol d'un robot muni de la feuille. Ajoutez le miel et actionnez le robot à petite vitesse. Incorporez les blancs d'œufs progressivement, puis continuez de battre jusqu'à l'obtention d'un appareil homogène.

2 Mettez ce dernier dans une poche à douille munie d'une douille cannelée et dressez les petits fours sur une plaque de cuisson recouverte de papier cuisson.

3 Détaillez les écorces confites en petits morceaux. Sur chaque petit four, déposez un petit morceau d'orange et de citron, un pignon de pin et une demi-pistache. Laissez les petits fours croûter à température ambiante pendant 12 h.

4 Le jour même, préchauffez le four 200 °C. Enfournez la plaque de petits fours et faites-les cuire 5 à 7 min. Laissez refroidir avant de servir pour le goûter.

POUR
6 À 8 PERSONNES
PRÉPARATION
30 MIN
CUISSON
40 MIN

- 2 rouleaux de pâte feuilletée
- 150 g de poudre d'amande
- 100 g de sucre blanc
- 100 g de beurre d'amande
- 130 g de crème végétale à l'amande
- 30 g de fécule de maïs
- 1 c. à c. d'extrait d'amande amère
- 6 c. à s. de lait d'amande
- 1 grosse c. à s. de sirop d'agave

Galette des Reines

1 Préchauffez le four à 200 °C. Mettez la poudre d'amande avec le sucre, le beurre d'amande, la crème végétale, la fécule de maïs et l'extrait d'amande amère dans un cul-de-poule. Mélangez vigoureusement jusqu'à l'obtention d'une préparation homogène, puis débarrassez-la dans une poche munie d'une douille unie.

2 Déroulez un premier pâton de pâte feuilletée. Pochez l'appareil à l'amande dessus en formant une spirale partant du centre et allant vers l'extérieur. Laissez 2 cm de bord vierge tout autour.

3 Placez une fève au hasard dans la crème d'amande, en évitant le centre et en privilégiant plutôt un côté. Déposez le deuxième pâton de pâte délicatement sur le tout et soudez les bords à l'aide d'une fourchette. Faites des décorations sur la galette avec le côté non tranchant d'un petit couteau.

4 Mélangez le lait d'amande et le sirop d'agave. Dorez la surface de la galette avec la cet appareil, en veillant à ne pas en badigeonner sur les bords sinon ceux-ci ne vont pas gonfler.

5 Enfournez la galette 30 à 40 min environ, ou jusqu'à ce que celle-ci soit bien dorée. Laissez refroidir avant de déguster.

Astuce

Si vous n'avez pas de poche ni de douille, utilisez une cuillère à soupe.

Planche
tout chocolat

POUR
6 PERSONNES
PRÉPARATION
30 MIN
CUISSON
15 MIN
REPOS
4 H

Panna cotta au chocolat blanc

100 g de chocolat blanc
1 feuille de gélatine
10 cl de lait entier
10 cl de crème liquide entière

Mousse au chocolat

100 g de chocolat noir corsé (plus de 70 %)
10 cl de lait entier
15 g de beurre doux
2 œufs
1 pointe de sel

Moelleux au chocolat

125 g de chocolat noir à 60 %
60 g de beurre doux
125 g de cassonade
2 c. à s. de farine
1 pincée de sel
2 œufs

Planche

125 g de framboises
250 g de fraises
1 l d'une bonne glace au chocolat
Sablés au chocolat
15 cl de coulis de framboise

Panna cotta au chocolat blanc

1 Faites tremper la gélatine dans de l'eau froide. Portez à ébullition le lait avec la crème fraîche liquide. Coupez le feu, ajoutez le chocolat blanc en morceaux et la feuille de gélatine essorée et mélangez jusqu'à l'obtention d'une crème homogène. Versez dans des verrines et réservez au frais au moins 4 h.

Mousse au chocolat

2 Portez le lait à ébullition. Coupez le feu et ajoutez le chocolat en morceaux. Laissez fondre quelques minutes, puis fouettez. Ajoutez le beurre en morceaux sans cesser de remuer.

3 Séparez les blancs des jaunes d'œufs. À l'aide d'un batteur électrique, montez les blancs en neige avec une pointe de sel. Lorsqu'ils sont bien fermes, incorporez les jaunes et mélangez encore 10 s seulement. Mélangez délicatement les blancs montés et le chocolat fondu. Versez dans de jolies tasses et réservez au frais au moins 4 h.

Moelleux au chocolat

4 Préchauffez le four à 180 °C. Faites fondre le beurre dans une casserole. Coupez le feu, ajoutez le chocolat en morceaux. Laissez fondre quelques minutes, puis fouettez. Ajoutez la cassonade, la farine et le sel. Mélangez, puis incorporez les œufs un à un. Versez la pâte dans un petit moule à gâteau antiadhésif et enfournez 10 à 12 min. Le gâteau doit gonfler et craqueler sur le dessus. Sortez du four et laissez refroidir.

Planche

5 Sur la planche, déposez les mousses et les panna cotta, ajoutez le moelleux coupé en tranches, les fruits rouges, les biscuits et de petites tasses de glace avec du coulis.

POUR
1 BRIOCHE
PRÉPARATION
45 MIN
CUISSON
45 MIN
REPOS
6 H

100 g de raisins secs
2 petits œufs
13 cl de lait froid
17 g de levure de boulanger fraîche
335 g de farine T55
35 g de sucre
7 g de sel
90 g de beurre mou + 20 g pour le moule
Une vingtaine d'amandes
Sucre glace

Kouglof

1 Mettez les raisins secs dans une casserole, couvrez-les d'eau et portez à ébullition pendant 2 min. Égouttez-les et laissez-les refroidir.

2 Dans le bol d'un robot pâtissier muni du crochet pétrisseur, mettez les œufs, le lait froid, la levure émiettée, la farine, le sucre et le sel. Pétrissez à petite vitesse pendant 5 min, puis à vitesse moyenne pendant 6 à 8 min. Ajoutez le beurre en morceaux et pétrissez 5 min supplémentaires. Incorporez les raisins secs, puis boulez la pâte et mettez-la dans un bol. Couvrez de film alimentaire et laissez gonfler 1 h à température ambiante.

3 Dégazez la pâte, puis boulez-la à nouveau, remettez-la dans le bol et filmez-la au contact. Réservez 3 h au réfrigérateur.

4 Placez un moule à kouglof 10 min au congélateur. Une fois qu'il est bien froid, badigeonnez-en l'intérieur de beurre fondu et placez une amande dans chaque creux.

5 Dégazez la pâte et boulez-la. En son centre, faites un trou avec votre index. Façonnez une couronne de pâte, puis placez-la dans le moule et enfoncez-la avec vos doigts repliés au fond du moule afin d'éviter les bulles d'air. Laissez gonfler pendant 2 h à température ambiante.

6 Préchauffez le four à 180 °C avec une plaque à l'intérieur. Mettez le kouglof sur la plaque chaude, baissez la température du four à 170 °C et faites cuire 30 à 35 min. Démoulez le kouglof à chaud, puis remettez-le 10 min sur la plaque, sans le moule, pour finir la cuisson. À la fin de la cuisson, débarrassez la brioche sur une grille. Décorez avec du sucre glace. Dégustez tiède ou froid.

POUR
2 COURONNES MOYENNES
PRÉPARATION
50 MIN
CUISSON
25 MIN
REPOS
5 H 10

Pâte à brioche

4 œufs

2 c. à s. d'eau de fleur d'oranger

15 g de levure de boulanger

330 g de farine de gruau

60 g de sucre semoule

7 g de sel fin

170 g de beurre

1 œuf battu pour la dorure

2 fèves

Nappage neutre

Sucre en grains

Fruits confits glacés : clémentines de Corse, abricots rosés de Provence, tranches de melon, cédrat, cerises bigarreaux.

Couronne des Rois

Pâte à brioche

1 Préparez la pâte comme indiqué p. 4. Dégazez-la, puis divisez-la en 2 pâtons de 385 g. Boulez-les et laissez-les reposer 5 min à température ambiante, recouverts de film alimentaire.

2 Percez un trou au centre de chaque boule de brioche avec votre index. À l'aide de vos mains, élargissez les couronnes jusqu'à la taille désirée. Disposez-les sur une feuille de papier cuisson et insérez une fève dans chacune. À l'aide d'un pinceau, dorez le dessus des couronnes avec l'œuf battu, sans en faire couler sur le côté.

3 Posez les brioches sur la plaque et laissez-les pousser 2 h dans le four transformé en étuve à 24 °C (voir le procédé p. 8). Sortez les brioches de l'étuve et laissez-les 10 min à température ambiante.

4 Préchauffez le four à 180 °C avec la plaque à l'intérieur. Dorez à nouveau les brioches. Coupez au ciseau le dessus des brioches. Parsemez de sucre en grains. Enfournez sur la plaque chaude et faites cuire à 170 °C pendant 20 à 25 min.

5 À la sortie du four, glissez les brioches sur une grille. Une fois froides, nappez-les avec un nappage neutre. Disposez les fruits confits choisis de façon harmonieuse sur le dessus des couronnes des rois.

POUR
4 À 6 PERSONNES
PRÉPARATION
15 MIN
CUISSON
55 MIN

8 cm de racine de gingembre frais
250 g de farine T45
50 g de cassonade
1 sachet de levure chimique
1 c. à c. de bicarbonate de soude
1 c. à s. d'épices à pain d'épices
10 cl de lait
250 g de miel liquide
2 œufs

Pain d'épices

1 Préchauffez le four à 160 °C. Épluchez le gingembre et râpez-le finement.

2 Dans le bol d'un robot pâtissier muni de la feuille, mélangez la farine, la cassonade, la levure, le bicarbonate de soude et les épices à petite vitesse.

3 Portez le lait et le miel à ébullition dans une petite casserole, puis versez le tout dans le bol du robot. Ajoutez les œufs et le gingembre râpé et mélangez à forte vitesse jusqu'à l'obtention d'une pâte homogène.

4 Chemisez un moule à cake de papier cuisson. Versez-y la préparation et enfournez pendant 55 min environ. À la fin de la cuisson, laissez refroidir, puis démoulez.

Astuce

Pour un goût plus prononcé, remplacez la moitié de la farine par de la farine de châtaigne. Vous pouvez aussi ajouter des raisins secs, des noisettes ou des amandes hachées.

POUR
2 PANETTONES MOYENS
PRÉPARATION
45 MIN
CUISSON
40 MIN
REPOS
12 H + 5 H 10

Pâte à panettone
83 g de raisins blonds
90 g de rhum blanc agricole
3 gros œufs
13 g de miel
13 g de lait entier
13 g de levure de boulanger fraîche
1 gousse de vanille
250 g de farine de gruau
7 g de sel fin
13 g de sucre semoule
150 g de beurre
83 g d'écorces d'oranges confites

Appareil à macaronade
35 g de sucre semoule
90 g de blancs d'œufs
90 g d'amandes effilées

Panettone

Pâte à panettone

1 La veille, faites tremper les raisins dans le rhum pendant 12 h.

2 Le jour même, dans le bol d'un robot muni du crochet, mettez les œufs, le miel, le lait, la levure émiettée, les grains de vanille, la farine, le sel et le sucre. Pétrissez 5 min à petite vitesse, puis 6 min à forte vitesse jusqu'à ce que la pâte se décolle des parois.

3 Revenez alors à petite vitesse et incorporez le beurre mou. Augmentez un peu la vitesse et pétrissez 3 min, puis remettez à forte vitesse pour 3 min, jusqu'à ce que la pâte forme une boule lisse.

4 Revenez à petite vitesse, puis égouttez les raisins et ajoutez-les dans la pâte avec les écorces d'oranges confites détaillées en cubes. Pétrissez jusqu'à ce que les fruits soient uniformément répartis dans la pâte. Débarrassez-la, boulez-la, puis mettez-la dans un cul-de-poule et filmez au contact. Laissez pointer à température ambiante pendant 1 h.

5 Dégazez la pâte, puis boulez, réservez et filmez au contact de nouveau. Placez 2 h au réfrigérateur.

Appareil à macaronade

6 Mélangez le sucre avec les blancs d'œufs, puis incorporez délicatement les amandes. Filmez au contact et réservez à température ambiante.

Finition des panettones

7 Pesez 2 pâtons de 390 g et boulez-les. Beurrez des cercles à pâtisserie de 15 cm de diamètre et chemisez-les avec du papier cuisson. Posez les cercles sur du papier cuisson, mettez les boules de pâte au centre et aplatissez-les avec le dos de la main. Mettez-les 2 h dans le four transformé en étuve à 24 °C (voir le procédé p. 8)

8 Sortez les brioches de l'étuve et laissez-les 10 min à température ambiante. Préchauffez le four à 180 °C avec la plaque à l'intérieur. Étalez l'appareil à macaronade sur le dessus des panettones, puis enfournez 35 à 40 min à 170 °C.

9 À la sortie du four, glissez les panettones sur une grille. Décerclez-les encore tièdes et laissez-les refroidir.

POUR
15 MACARONS
PRÉPARATION
50 MIN
CUISSON
25 MIN
REPOS
6 H 30

Coques de macarons

75 g d'aquafaba (jus contenu dans les conserves de pois chiches)

90 g de sucre semoule

80 g de poudre d'amande

80 g de sucre glace

10 g de cacao en poudre

Ganache

100 g de chocolat noir

100 g de crème de soja

Macarons à l'aquafaba

Coques de macarons

1 Préchauffez le four à 140 °C. Mixez la poudre d'amande avec le sucre glace et le cacao, puis passez ce mélange au tamis fin.

2 Dans le bol d'un robot pâtissier muni du fouet, montez l'aquafaba en augmentant progressivement la vitesse du robot jusqu'à ce qu'il soit « en neige ». Ajoutez alors le sucre semoule en trois fois. Laissez tourner le robot pendant 3 min pour avoir une meringue bien ferme.

3 Hors du robot, incorporez le mélange tamisé à l'aide d'une spatule jusqu'à obtenir une préparation homogène. Mettez-la dans une poche munie d'une douille unie n° 10, puis pochez 30 coques régulières sur une plaque munie d'un tapis en silicone. Tapez la plaque à plusieurs reprises sur le plan de travail pour les uniformiser. Enfournez pour 25 min. À la fin de la cuisson, sortez les coques du four et laissez-les refroidir avant de les décoller de la plaque.

Ganache

4 Faites fondre le chocolat au four à micro-ondes. Dans une petite casserole, faites chauffer la crème de soja, puis versez-la en trois fois sur le chocolat en mélangeant bien au fouet pour obtenir une texture homogène. Stockez 30 min au réfrigérateur.

5 Mettez la ganache obtenue dans une poche à douille cannelée, puis garnissez la moitié des coques. Complétez chaque macaron en déposant une seconde coque sur la ganache. Conservez au réfrigérateur pendant au moins 6 h avant la dégustation.

Chapitre

7 Desserts chics

POUR
8 PERSONNES
PRÉPARATION
30 MIN
CUISSON
1 H 45
REPOS
1 NUIT

Pistaches caramélisées

150 g de pistaches émondées non salées

50 g de miel

50 g de sucre semoule

Nougat glacé

3 œufs

150 g de sucre semoule

150 g de miel liquide

40 cl de crème liquide entière

100 g de fruits rouges surgelés

Finition

Fruits rouges frais de votre choix

Pistaches concassées

Nougat glacé aux fruits rouges et à la pistache

Pistaches caramélisées

1 La veille, préchauffez le four à 150 °C. Étalez les pistaches sur une plaque recouverte de papier cuisson. Enfournez pour 15 min afin de les torréfier, en prenant soin de mélanger à mi-cuisson. Laissez refroidir.

2 Dans une petite casserole, faites chauffer le miel et le sucre jusqu'à obtenir un caramel. Ajoutez les pistaches torréfiées, puis mélangez. Débarrassez sur une feuille de papier cuisson et laissez refroidir. Hachez grossièrement avec un couteau.

Nougat glacé

3 Séparez les blancs des jaunes d'œufs. Dans le bol d'un robot pâtissier muni du fouet, fouettez les jaunes d'œufs avec le sucre à vitesse moyenne pendant 3 min. Versez dans un saladier et réservez.

4 Lavez le bol et le fouet du robot et replacez-les sur le robot. Montez les blancs d'œufs en neige ferme.

5 Dans une petite casserole, portez le miel liquide à ébullition, puis versez-le en filet sur les blancs en neige tout en fouettant à vitesse moyenne. Incorporez le mélange jaunes-sucre. Réservez dans un saladier.

6 Lavez à nouveau le bol et le fouet et replacez-les sur le robot. Versez la crème liquide bien froide dans le bol et montez-la en chantilly à vitesse maximale. Ajoutez-la délicatement à la préparation précédente. Ajoutez les pistaches caramélisées hachées, les fruits rouges, puis mélangez délicatement. Versez la préparation dans un grand moule à cake en silicone. Placez 1 nuit au congélateur.

Finition

7 Le jour même, démoulez et servez avec des fruits rouges frais et des pistaches concassées. Vous pouvez aussi servir ce nougat avec un coulis de fruits rouges.

POUR
10 PERSONNES
PRÉPARATION
15 MIN
CUISSON
45 MIN

5 poires conférence
150 g de beurre
100 g de sucre cassonade
4 œufs
80 g de poudre de noisette
80 g de poudre d'amande
120 g de farine
1 sachet de levure chimique
50 cl de vin rouge
4 c. à s. de mélange quatre-épices

Gâteau aux poires épicées

1 Préchauffez le four à 200 °C. Faites fondre le beurre en le passant 1 min au four à micro-ondes.

2 Mélangez le sucre et les œufs jusqu'à ce que ces derniers blanchissent. Ajoutez le beurre fondu et continuez de mélanger. Incorporez ensuite la poudre de noisette et la poudre d'amande.

3 Épluchez 2 poires, coupez-les en petits dés et ajoutez-les à l'appareil. Enfin, versez la farine et la levure, puis mélangez bien. Enfournez pour 45 min en abaissant la température du four à 180 °C.

4 Pendant ce temps, épluchez les 3 poires restantes. Faites chauffer le vin rouge avec les épices, puis plongez-y les poires le temps que le gâteau cuise.

5 Sortez le gâteau du four à l'issue de la cuisson et laissez-le refroidir. Égouttez les poires et laissez-les refroidir également. Déposez les poires sur le gâteau au dernier moment, puis servez-le, éventuellement accompagné d'une bonne crème Chantilly.

POUR
6 PERSONNES
PRÉPARATION
1 H
CUISSON
30 MIN
REPOS
2 H 45

Feuilletage
1 pâte feuilletée légère (voir p. 5)
30 g de sucre glace

Crème diplomate
300 g de crème pâtissière (voir p. 4)
150 g de crème liquide
2 cl de liqueur type Grand Marnier®

Millefeuille léger à la vanille

Un classique de la pâtisserie française, en version peu sucrée et facilement réalisable.

Feuilletage

1 Préparez la pâte feuilletée comme indiqué p. 5 en respectant bien les temps de repos.

2 Préparez la crème pâtissière comme indiqué p. 4 et laissez-la refroidir 1 h au réfrigérateur.

3 Préchauffez le four à 180 °C. Disposez l'abaisse de feuilletage sur une plaque de cuisson recouverte de papier cuisson et saupoudrez-la de sucre glace. Posez dessus une seconde feuille de papier cuisson ainsi qu'une seconde plaque pour faire un poids et éviter que le feuilletage ne pousse.

4 Enfournez et laissez cuire 25 min à 180 °C. Retirez la plaque et la feuille de papier cuisson du dessus, puis remettez au four pour quelques minutes pour terminer la caramélisation du feuilletage. Démoulez sur une grille et laissez refroidir.

5 Détaillez le feuilletage en 18 rectangles de 6 x 10 cm à l'aide d'un couteau à dents.

Crème diplomate

6 Fouettez la crème liquide bien froide de manière à obtenir une crème fouettée.

7 Fouettez la crème pâtissière froide avec le Grand Marnier® pour la rendre bien lisse.

8 Incorporez délicatement la crème fouettée à la crème pâtissière à l'aide d'une maryse et débarrassez dans une poche munie d'une douille unie.

Montage

9 Pochez des pointes de crème sur un premier rectangle de feuilletage, puis disposez un deuxième rectangle par-dessus. Renouvelez l'opération, puis terminez en pochant des pointes de crème sur le troisième rectangle de feuilletage.

POUR
6 À 8 PERSONNES
PRÉPARATION
20 MIN
CUISSON
30 À 45 MIN

- 3 grosses pommes
- 150 g de farine de blé
- 130 g de sucre roux
- 1 sachet de levure chimique
- 1 c. à s. de cannelle moulue
- ½ c. à c. de cardamome moulue
- ½ c. à c. de gingembre moulu
- 1 pincée de sel
- 12 cl d'huile neutre
- 150 g de compote de pommes

Apple spiced cake

Voici une version végane du gâteau aux pommes épicé, moelleux et gourmand à souhait.

1 Préchauffez le four à 180 °C et huilez un moule à manqué.

2 Lavez et pelez les pommes, puis coupez-les grossièrement en dés.

3 Dans un saladier, mélangez la farine, le sucre, la levure et les épices, puis ajoutez la pincée de sel.

4 Mélangez l'huile et la compote dans un second saladier.

5 Tamisez le mélange de poudres au-dessus du mélange à la compote, en fouettant le tout avec une grosse cuillère en bois. Ajoutez les morceaux de pommes et donnez trois coups de cuillère.

6 Versez l'appareil dans le moule et tapez vivement ce dernier sur votre plan de travail pour répartir la préparation. Enfournez pour 35 à 45 min selon la puissance de votre four, en chaleur tournante. Le gâteau est prêt quand la pointe d'un couteau en ressort propre.

Bûche glacée au citron et au pain d'épices

POUR
6 PERSONNES
PRÉPARATION
25 MIN
CUISSON
55 MIN
REPOS
10 H

Insert crémeux au citron
100 g de jus de citron
60 g de sucre semoule
40 g de jaunes d'œufs
12 g de Maïzena®
60 g de beurre

Pain d'épices
250 g de farine
50 g de sucre roux
1 sachet de levure chimique
2 c. à c. de mélange à pain d'épices
250 g de miel liquide
10 cl de lait demi-écrémé
2 œufs

Mousse au citron
30 cl de crème liquide entière
17 cl de lait concentré sucré
10 cl de jus de citron
Le zeste de 1 citron

Insert crémeux au citron

1 Dans une casserole, faites chauffer le jus de citron, le sucre, les jaunes d'œufs et la Maïzena® en fouettant jusqu'à ce que le mélange épaississe. Hors du feu, incorporez le beurre en morceaux.

2 Versez la préparation dans un moule à insert de 22 cm de long et entreposez 4 h au congélateur.

Pain d'épices

3 Préchauffez le four à 160 °C. Mettez la farine, le sucre, la levure et les épices dans le bol d'un robot pâtissier muni de la feuille. Mélangez 2 min à faible vitesse.

4 Dans une casserole, faites chauffer le miel et le lait, puis versez dans le bol du robot. Ajoutez les œufs et mélangez 2 min à la même vitesse pour obtenir une préparation homogène.

5 Versez dans un moule à cake et enfournez pour 45 min. Laissez refroidir à l'issue de la cuisson.

Mousse au citron

6 Mettez la crème liquide dans le bol du robot muni du fouet et fouettez à vitesse maximale jusqu'à obtenir une chantilly ferme. Incorporez délicatement le lait concentré sucré, le jus et le zeste de citron.

7 Répartissez la moitié de cette mousse dans un moule à bûche de 25 cm de long. Démoulez l'insert au citron et ajoutez-le. Recouvrez du reste de mousse. Coupez des tranches de pain d'épices et déposez-les sur la mousse afin de la recouvrir.

8 Mettez au moins 6 h au congélateur. Sortez la bûche 10 min avant de la servir.

POUR
6 PERSONNES
PRÉPARATION
25 MIN
CUISSON
30 MIN
REPOS
1 H

Pâte à baba
5 g de levure de boulanger fraîche
40 g de lait
90 g de farine
2 g de sel
6 g de sucre
1 gros œuf
20 g de beurre

Sirop
300 g d'eau
130 g de sucre
90 g de limoncello

Crème chantilly au limoncello
150 g de crème entière liquide
150 g de mascarpone
30 g de limoncello
20 g de sucre
Le zeste de 1 citron vert

Dressage
2 citrons jaunes non traités
Des jeunes pousses de basilic
1 verre de limoncello (facultatif)

Baba au limoncello

Pâte à baba

1 Délayez la levure dans le lait. Dans la cuve d'un robot pâtissier, mettez la farine, le sel et le sucre. Ajoutez l'œuf et mélangez. Incorporez petit à petit le mélange lait-levure, puis le beurre fondu.

2 Répartissez la pâte dans des moules à baba en silicone. Laissez pousser pendant 1 h dans un endroit chaud.

3 Préchauffez le four à 170 °C. Enfournez et baissez tout de suite à 160 °C, puis laissez cuire 15 à 30 min selon la taille des babas.

4 Démoulez ces derniers, puis mettez-les sur une plaque recouverte de papier cuisson et enfournez à nouveau pour 5 à 10 min selon leur taille. Ils doivent prendre une coloration ambrée.

Sirop

5 Versez l'eau, le sucre et le limoncello dans une casserole, puis faites bouillir. Laissez refroidir jusqu'à 60 °C, puis imbibez les babas du sirop obtenu.

Crème chantilly au limoncello

6 À l'aide d'un mixeur plongeant, mixez la crème et le mascarpone avec le limoncello, le sucre et le zeste de citron vert râpé pour obtenir une chantilly. Réservez au réfrigérateur.

Dressage

7 Râpez le zeste des citrons et prélevez les suprêmes. Coupez les babas en deux dans le sens de la hauteur, puis déposez-les dans des bols. Ajoutez la crème au limoncello et les suprêmes de citron. Saupoudrez de zeste de citron et ajoutez éventuellement quelques pousses de basilic. Versez éventuellement un verre de limoncello sur chaque baba au moment de servir.

POUR
8 PERSONNES
PRÉPARATION
30 MIN
CUISSON
1 H
REPOS
30 MIN

Pâte sablée
250 g de farine T45
40 g de sucre semoule
3 pincées de sel
125 g de beurre
1 œuf

Compote
5 pommes
2 c. à s. de sucre semoule

Montage et finitions
1 kg de pommes acidulées
4 c. à s. de cassonade

Tarte aux pommes « bouquet de roses »

Pâte sablée

1 Préparez la pâte comme indiqué p. 6, puis laissez-la reposer 30 min au réfrigérateur.

Compote

2 Épluchez les pommes et coupez-les en dés. Mettez les morceaux dans une casserole avec le sucre et 2 c. à s. d'eau. Laissez compoter à feu doux en mélangeant régulièrement pendant 20 min. Laissez refroidir.

Montage et finitions

3 Préchauffez le four à 180 °C en chaleur tournante. Sur un plan de travail fariné, abaissez la pâte à l'aide d'un rouleau à pâtisserie. Beurrez un moule à tarte et foncez-le avec le disque de pâte. Répartissez la compote sur le fond de tarte.

4 Lavez les pommes, mais ne les épluchez pas. Avec un coupe-lanières ou un économe, détaillez les pommes en grandes lanières, les plus longues et larges possible.

5 Posez les lanières obtenues sur une assiette et faites chauffer 2 min à puissance maximale au four à micro-ondes. Cette opération permet de ramollir les lanières pour pouvoir les manipuler facilement. Roulez les lanières sur elles-mêmes pour former de petits rouleaux. Coupez-les en deux si besoin pour obtenir des lanières de la même hauteur. Déposez-les à la verticale et joliment sur la compote. Saupoudrez de cassonade et enfournez pour 40 min.

Conseils

Servez cette tarte tiède, accompagnée de crème montée ou de glace vanille.
Vous pouvez remplacer la compote par une crème pâtissière parfumée à la vanille, à la cannelle ou à la fleur d'oranger.

POUR
4 À 6 PERSONNES
PRÉPARATION
20 MIN
REPOS
3 H

- 1 l de lait entier
- 5 c. à s. de sucre
- 4 c. à s. de Maïzena®
- 1 c. à s. d'eau de fleur d'oranger
- 4 à 6 c. à c. de confiture d'abricots
- Pistaches concassées

Palouza

La palouza est un entremets à la fleur d'oranger et aux pistaches. Ce dessert frais et léger est un incontournable de la cuisine maghrébine.

1 Délayez dans une casserole un peu de lait avec le sucre et la Maïzena®. Faites chauffer à feu doux, puis ajoutez petit à petit le reste du lait et continuez de remuer sans cesse jusqu'à ce que la préparation épaississe. La préparation doit être veloutée et napper la spatule.

2 Hors du feu, ajoutez l'eau de fleur d'oranger, puis versez la préparation dans des ramequins. Laissez refroidir et placez au réfrigérateur pendant 3 h au minimum.

3 Ajoutez 1 c. à c. de confiture d'abricots et quelques pistaches concassées sur chaque ramequin au moment de déguster.

POUR
8 PERSONNES
PRÉPARATION
30 MIN
CUISSON
12 MIN
REPOS
2 H

Ganache chocolat-praliné
200 g de chocolat noir
90 g de crème entière liquide
3 c. à s. de praliné
2 c. à s. de pralin

Biscuit
90 g de sucre semoule
4 œufs
1 c. à c. de vanille liquide
100 g de farine
½ c. à c. de levure chimique

Glaçage rocher
200 g de chocolat au lait
35 g d'huile de pépins de raisin
50 g d'amandes hachées

Bûche au chocolat praliné

Ganache chocolat-praliné

1 Faites fondre le chocolat délicatement dans une casserole ou au four à micro-ondes.

2 Dans une casserole, faites chauffer la crème et le praliné. Versez en trois fois sur le chocolat en émulsionnant bien à chaque fois à l'aide d'une spatule. Ajoutez le pralin et mélangez. Filmez au contact, puis réservez à température ambiante.

Biscuit

3 Préchauffez le four à 180 °C. Mettez le sucre, les œufs et la vanille liquide dans la cuve d'un robot pâtissier muni du fouet. Fouettez fortement pendant 5 min ; le mélange doit doubler de volume. Versez la farine et la levure en pluie et mélangez délicatement à l'aide d'une maryse.

4 Étalez sur une plaque recouverte de papier cuisson en un rectangle d'environ 25 x 30 cm, lissez avec la spatule pour obtenir une couche régulière. Enfournez pour 10 à 12 min. À la sortie du four, laissez tiédir.

5 Humidifiez un torchon propre, puis retournez le biscuit dessus. Décollez le papier cuisson, puis roulez le biscuit avec le torchon. Laissez refroidir.

Montage

6 Lorsque le biscuit est froid, déroulez-le, puis répartissez la ganache sur toute la surface. Roulez à nouveau en serrant bien, puis emballez le rouleau dans du film alimentaire. Réservez au réfrigérateur pendant 2 h.

Glaçage rocher

7 Faites fondre le chocolat, ajoutez l'huile et mélangez bien. Ajoutez enfin les amandes hachées et mélangez de nouveau.

8 Déballez la bûche, coupez les extrémités pour avoir des bords bien nets. Déposez-la sur une grille posée sur une assiette, puis versez le glaçage de manière à recouvrir tout le gâteau. Déposez délicatement sur un plat et réservez au réfrigérateur jusqu'à la dégustation.

POUR
4 PERSONNES
PRÉPARATION
30 MIN
CUISSON
1 H

Meringue

3 blancs d'œufs

1 pincée de sel

100 g de sucre semoule

Le jus de ¼ de citron

100 g de sucre glace

Chantilly

15 cl de crème entière liquide (très froide)

1 gousse de vanille

2 c. à s. de sucre glace tamisé

Garniture

Une dizaine de fraises fraîches

1 pot de sorbet à la fraise

Pavlova

Meringue

1 Préchauffez le four à 100 °C. Battez les blancs d'œufs avec le sel dans un robot muni du fouet, ou au batteur électrique, tout en augmentant la vitesse progressivement. Lorsque les œufs sont bien blancs, ajoutez 2 c. à s. de sucre semoule. Continuez à monter les blancs, puis ajoutez le reste du sucre petit à petit. Quand la meringue commence à se tenir, ajoutez le jus de citron sans cesser de battre. Versez ensuite le sucre glace tamisé en trois fois, tout en continuant de battre jusqu'à ce que le sucre soit intégralement dissous. Lorsque vous relevez le fouet, la meringue doit former un « bec d'oiseau ».

2 Déposez une feuille de papier cuisson sur une plaque allant au four. Étalez grossièrement la meringue à la cuillère en forme circulaire puis, à l'aide d'une petite cuillère, aplatissez le centre en vue d'y ajouter la garniture.

3 Enfournez pour 1 h. Sortez la meringue du four et laissez-la refroidir sur une grille.

Chantilly

4 Versez la crème liquide bien froide dans la cuve d'un robot pâtissier muni du fouet. Ajoutez les grains de la gousse de vanille fendue et grattée, ainsi que le sucre glace. Battez le tout pendant 10 min environ, jusqu'à ce que la crème monte en chantilly.

Montage et garnissage

5 Lavez les fraises, équeutez-les et coupez-les en quartiers. Au moment de servir, déposez la chantilly sur la meringue, puis ajoutez plusieurs boules de glace à la fraise et les morceaux de fraises fraîches.

POUR
4 PERSONNES
PRÉPARATION
30 MIN
CUISSON
50 MIN

Pâte à choux
125 g de d'eau
40 g de beurre
1 pincée de sel
65 g de farine
2 œufs
30 g d'amandes effilées

Sauce chocolat
150 g de lait
1 pincée de sel
90 g de chocolat noir à 70 % de cacao

Garniture
12 boules de glace vanille

Profiteroles

Pâte à choux

1 Préchauffez le four à 170 °C. Faites chauffer l'eau avec le beurre en parcelles et le sel dans une petite casserole. Portez à forte ébullition, puis, hors du feu, ajoutez la farine d'un seul coup. Mélangez vigoureusement à l'aide d'une spatule en bois jusqu'à ce que la pâte forme une boule. Incorporez alors progressivement les œufs jusqu'à l'obtention d'une pâte lisse et pas trop ferme.

2 Débarrassez dans une poche munie d'une douille unie de 10 mm et formez 12 choux sur une plaque de cuisson recouverte d'une feuille de papier cuisson. Parsemez d'amandes effilées. Enfournez et laissez cuire 30 min, pour que les choux soient bien secs.

Sauce chocolat

3 Pendant ce temps, préparez la sauce chocolat en faisant chauffer le lait avec le sel. Ajoutez le chocolat haché hors du feu tout en fouettant vigoureusement pour obtenir une sauce bien lisse.

Montage et garniture

4 À la fin de la cuisson des choux, laissez-les refroidir sur une grille, puis coupez-les en deux à l'aide d'un couteau à dents. Garnissez-les de glace vanille et arrosez-les généreusement de sauce chocolat au moment de servir.

Conseil

Vous pouvez bien sûr remplacer la glace vanille par d'autres glaces ou sorbets.

POUR
8 PERSONNES
PRÉPARATION
30 MIN
CUISSON
1 H 20
REPOS
1 NUIT

Biscuit moelleux

150 g de lait de soja à la vanille
½ c. à c. de vinaigre de cidre
100 g d'huile neutre
200 g de compote de pommes sans sucres ajoutés
100 g de sucre en poudre
250 g de farine T55
10 g de levure chimique
1 pincée de sel

Crème

190 g d'huile de coco désodorisée
200 g de lait de soja à la vanille
30 g de sucre en poudre
1 pincée de vanille en poudre

Garniture

100 g de fraises
100 g de framboises

Layer cake végan

Biscuit moelleux

1 La veille, préparez le biscuit moelleux. Préchauffez le four à 170 °C. Mettez le lait de soja dans le bol d'un robot pâtissier muni de la feuille, ajoutez le vinaigre de cidre et mélangez quelques instants. Laissez reposer 15 min afin de faire épaissir légèrement le lait. Ajoutez ensuite l'huile et la compote et mélangez à nouveau. Versez ensuite le sucre, la farine, la levure et le sel et mélangez 2 min.

2 Chemisez un moule de 15 cm de diamètre et de 10 cm de haut de papier cuisson. Versez-y la pâte, puis enfournez pour 1 h 15 de cuisson.

3 À la sortie du four, démoulez sur une grille et attendez le complet refroidissement. Emballez le gâteau dans du film alimentaire, puis conservez-le au réfrigérateur jusqu'au lendemain.

Crème

4 La veille, préparez également la crème. Mettez l'huile de coco dans un saladier.

5 Versez le lait de soja, le sucre en poudre et la vanille dans une petite casserole. Portez à ébullition, puis versez sur l'huile de coco. Mélangez à la spatule pour la faire fondre, puis émulsionnez à l'aide d'un mixeur plongeant pendant 3 min. Mettez le couvercle, puis réservez au réfrigérateur jusqu'au lendemain.

Montage et garniture

6 Le jour même, déballez le gâteau, et détaillez-le en 3 biscuits d'épaisseur égale.

7 Versez la crème dans le bol d'un robot pâtissier muni du fouet et fouettez fortement jusqu'à ce que la crème épaississe. Mettez-la dans un poche munie d'une douille lisse.

8 Déposez le premier disque de biscuit sur

votre plat, dressez des points de crème sur le contour, puis couchez un peu de crème au centre. Ajoutez des fruits coupés. Couvrez d'un second disque de biscuit, puis procédez de la même manière. Ajoutez le dernier disque de biscuit, puis pochez un peu de crème et couvrez de fruits. Conservez au réfrigérateur jusqu'à la dégustation.

POUR
4 PERSONNES
PRÉPARATION
20 MIN
CUISSON
15 MIN

- 250 g de chocolat noir
- 2 poires
- 60 g de beurre pommade
- 60 g de pralin
- 80 g de farine
- 1 l de lait

Soupe au chocolat, éclats de poires

1 Préchauffez le four à 180 °C. Épluchez et découpez les poires en petits dés. Mélangez le beurre pommade avec le pralin et la farine, pour obtenir une pâte sableuse. Ajoutez les dés de poires. Étalez délicatement la pâte sur une plaque à pâtisserie recouverte de papier cuisson et enfournez 10 min en surveillant.

2 Hachez le chocolat. Faites chauffer doucement le lait sans le porter à ébullition. Versez le lait sur le chocolat, mélangez bien, puis mixez à l'aide d'un mixeur plongeant. Conservez tiède.

3 Versez la soupe dans 4 bols et parsemez d'éclats de poires au pralin.

POUR
8 PERSONNES
PRÉPARATION
40 MIN
CUISSON
40 MIN

Cake
400 g de purée de patate douce
100 g de sucre roux
50 g de poudre de noisette
10 cl de lait de noisette
25 g de beurre de noisette
50 g d'huile neutre
1 c. à c. de bicarbonate de soude
1 c. à s. de jus de citron
150 g de farine de pois chiche

Glaçage
30 g d'eau
225 g de sucre
60 g d'aquafaba
250 g de margarine
2 c. à s. de café soluble

Finition
Grains de café en chocolat

Cake végan aux noisettes, glaçage café

Cake

1 Préchauffez le four à 180 °C. Mélangez la purée de patate douce avec le sucre, la poudre, le lait et le beurre de noisette ainsi que l'huile dans un robot pâtissier ou au fouet.

2 Dans un petit bol, activez le bicarbonate avec le jus de citron, puis incorporez ce mélange à la préparation précédente et battez à nouveau.

3 Débarrassez l'appareil obtenu dans un grand saladier, ajoutez la farine en pluie et remuez à l'aide d'une spatule.

4 Versez la pâte dans un moule à cake huilé, et enfournez environ 40 min, ou jusqu'à ce que la pointe d'un couteau en ressorte propre.

Glaçage

5 Pendant ce temps, faites chauffer l'eau et le sucre dans une casserole.

6 En parallèle, commencez à battre l'aquafaba dans un robot muni du fouet.

7 Lorsque le sucre cuit atteint 118 °C, retirez-le du feu et versez-le délicatement sur l'aquafaba, tout en continuant de fouetter mais à moindre vitesse pour éviter les éclaboussures. Fouettez jusqu'à refroidissement, puis ajoutez la margarine en petits morceaux. Enfin, versez 1 c. à c. d'eau chaude dans le café soluble afin de le dissoudre et incorporez la pâte de café obtenue dans le glaçage. Débarrassez la préparation dans une poche munie de la douille de votre choix.

Montage et finitions

8 À l'issue de la cuisson, laissez le cake refroidir complètement. Démoulez, puis pochez le glaçage café dessus, à votre convenance. Décorez avec des grains de café au chocolat par exemple.

POUR
4 PERSONNES
PRÉPARATION
10 MIN
REPOS
2 H

- 3 pamplemousses jaunes
- 3 pamplemousses roses
- 10 cl de Campari®
- 2 feuilles de gélatine
- 1 c. à s. de graines de grenade
- 4 feuilles de menthe ciselées

Salade de pamplemousses au Campari®

1 Trempez la gélatine dans de l'eau bien froide.

2 Pelez à vif les pamplemousses et prélevez les suprêmes.

3 Récupérez le jus des pamplemousses et mélangez-le avec le Campari®.

4 Chauffez légèrement le mélange Campari® et le jus de pamplemousse, et ajoutez la gélatine essorée.

5 Disposez les suprêmes de fruits en rosace dans des assiettes à soupe et ajoutez le jus Campari®. Laissez gélifier au frais pendant 2 h. Décorez avec des graines de grenade et de la menthe ciselée.

POUR
8 PERSONNES
PRÉPARATION
30 MIN
CUISSON
1 H 45
REPOS
1 NUIT + 6 H

Glace aux marrons
30 cl de lait entier
20 cl de crème entière
350 g de crème de marron
¼ de c. à c. de vanille en poudre
3 jaunes d'œufs
30 g de sucre semoule

Meringue
2 blancs d'œufs
110 g de sucre semoule

Finitions
Marrons glacés

Vacherin glacé aux marrons

Glace aux marrons

1 La veille, versez le lait, la crème et la crème de marron dans une casserole. Ajoutez la vanille et faites chauffer à feu moyen en mélangeant, sans faire bouillir.

2 Mettez les jaunes d'œufs et le sucre dans le bol d'un robot pâtissier équipé du fouet et fouettez à vitesse moyenne pendant 2 min. Pendant que le robot tourne, versez lentement la moitié du mélange aux marrons chaud sur les œufs. Reversez le tout dans la casserole et faites chauffer à feu moyen en remuant avec une cuillère en bois jusqu'à obtenir la texture d'une crème anglaise légère.

3 Versez l'appareil dans un saladier et mixez au mixeur plongeant. Couvrez de film alimentaire et laissez refroidir complètement. Placez 1 nuit au réfrigérateur.

Meringue

4 Le jour même, préchauffez le four à 100 °C. Mettez les blancs d'œufs dans le bol d'un robot pâtissier muni du fouet et fouettez à vitesse maximale jusqu'à ce qu'ils commencent à monter en neige. Versez alors le sucre, puis laissez tourner 5 min afin d'obtenir une meringue bien ferme.

5 Placez la meringue dans une poche à douille. Sur une plaque recouverte de papier cuisson, formez un disque de 18 cm de diamètre et de petites meringues pour la décoration. Faites cuire 1 h 30. Laissez refroidir.

Montage et finitions

6 Dans une sorbetière, verser le mélange aux marrons et actionner le robot. Laissez tourner environ 15 min, jusqu'à l'obtention d'une crème glacée molle.

7 Placez le disque de meringue sur un plat. Déposez dessus un cercle de 20 cm chemisé de Rhodoïde®. Versez la glace sur la meringue dans le cercle et lissez bien la surface à la spatule. Placez au congélateur 6 h au minimum. Au moment de servir, décorez de petites meringues et de marrons glacés.

Annexes

TABLE DES MATIÈRES

INDEX DES RECETTES
PAR ORDRE ALPHABÉTIQUE

INDEX DES RECETTES
PAR TYPE

Bouchées et verrines

Terrines et pâtés

Soupes et veloutés

Pâtes

Riz

Légumes

Coquillages et crustacés

Poissons

Volailles

Viandes

Gâteaux

Biscuits et petits gâteaux

Brioches

Desserts à l'assiette

Douceurs glacées

INDEX DES PRODUITS

R

S

T

V-Y

Directrice
Aurore Charoy

Éditrices
Élise Labry et Jessica Rostain

**Direction artistique
et conception graphique**
Justeciel

**Responsable des partenariats
et droits étrangers**
Stéphanie Bardon
stephanie.bardon@webedia-group.com

Conception des recettes
Noémie Bourrié, Cyrielle Boutaud, Damien Duquesne, Thomas Feller, Régis Garnaud, Alan Geaam, Denny Imbroisi, Mehdiya Kerairia, Caroline Lesguillons, Eloïse Méhard et Mathilde Fachan, Marine Néglot

Imprimé en Chine par Toppan sur du papier FSC provenant de bois gérés de manière responsable.

MIXTE
Papier | Pour une gestion forestière responsable
FSC® C104723

ISBN : 978-2-38184-096-3
Dépôt légal : 4e trimestre 2024

2 rue Paul Vaillant-Couturier
92532 Levallois-Perret Cedex

Crédits photographiques
Pp. 17, 53, 77, 81, 83, 84, 91, 95 : © Caroline Lesguillons ; pp. 18, 35, 164, 169, 183, 185, 193, 219 : © Sandrine Saadi ; pp. 21, 31, 43, 51, 54, 59, 65, 73, 78, 87, 92, 99, 101, 103, 107, 111, 113, 121, 123, 127, 133, 149, 154, 157, 161, 167, 175, 188, 207, 209, 212 : © Rina Nurra ; pp. 23, 26, 29, 45, 57, 69, 89, 114, 119, 124, 137, 141, 145, 198, 215 : © Marine Néglot ; pp. 25, 41, 46, 61, 62, 75, 104, 109, 129, 220 : © Edouard Sicot ; pp. 32, 37, 67, 172, 225 : © Dorian Nieto ; pp. 49, 180, 203, 223 : © Rebecca Genet ; pp. 117, 151, 153, 201, 217 : © Guillaume Czerw ; pp. 135, 171 : © Betül Balkan ; pp. 138, 143 : © Zoé & Blaise ; pp. 146, 159, 177, 211 : © Paula Soryano ; pp. 179, 187, 191 : © Amélie Roche ; pp. 197, 204, 227 : © Amélie Clairet ; p. 239 : © Wout Vanacker / Unsplash